正義は時代や社会で違うのか

相対主義と絶対主義の検討

長友敬一 著
NAGATOMO Keiichi

ナカニシヤ出版

はじめに

世界はいろんな考え方で溢れている。さらに言えば、世界はいろんな考え方から成り立っている。世界を成り立たせている考え方の中でも最も大切なものの一つが「正義」である。「正義」は思想と行為のどちらも包括する、形而上学的な（感覚や経験を超えて普遍的な原理を認識しようとする営みに関わる）概念であると同時に実践的な概念でもある。古代から人々は「正義」とは何かを考えてきた。時には「正義」の名の下に命を預けたり捧げたりした。

現代の世界でも、様々な国家が、民族が、宗教や教派が、団体や個人が、それぞれの正義を主張し、連帯し、時には対峙してもいる。

物語の中にもそうした事情は反映されている。たとえば尾田栄一郎の漫画『ワンピース』でも、様々な正義の主張と、それに基づいて行動する人物像が描かれている。海賊のドフラミンゴは「勝者だけが正義だ！」と絶叫する。これは、プラトンの『国家』で「正義とは強者の利益である」と主張するトラシュマコスという人物や、また同じくプラトンの『ゴルギアス』で「強者が弱者より多く持つのが正しい」と主張するカリクレスという人物に重なってくる。一方、背中に「正義」と書かれたコートを羽織る海軍は、悪党から世界の人々を守る「絶対的正義」を提唱する。しかしその内部では、悪を全て根絶やしにせんとする「徹底的な正義」や「君臨する正義」など多彩な主張が行なわれ、時に海賊と手を組むこともある。また、主人公のルフィは、「仲間」を大切にすることが正しいことだと考えている。もしかすると「友愛」を正義の基盤に置いたアリストテレスの徳倫理学につながるものがあるかもしれない。しかし海軍の青キジは「正義なんてのは立場によって形を変える」と言い、海賊のティーチは善悪について「答えはねェだろ　くだらねェ！」と一蹴する。ここには、後述の「相対主義」の思想が息づいているかもしれない。

　本書のタイトルは「正義は時代や社会で違うのか」というものである。このテーマのもとに、価値に関する「相対主義」と「絶対主義」について考察する。価値観の多様化する世界で、果たして人類共通の価値はあるのだろうか。この問題を「正義」に託して考えていく。

「正義」についての価値観が国によって違っているからこそ、いまだに紛争や戦争が絶えないのだ、という考えもある。しかし、どこの国にも「正義」という同じ意味の言葉があり、「正義」について語り合うことも可能に見える以上、共通する価値観が根底にあるのではないか、という考えも成り立ちうる。

　本書では、まず第1章で、大まかなアウトラインを提示する。この本に何が書いてあるのかを手っ取り早く摑みたい方は、そこを読まれるといいだろう。

　次の章からは、古代ギリシアに始まる相対主義の考え方を確認する。それから、それに抗して絶対主義が西洋思想史の主流を形作っていった経緯を、一つの「倫理思想史」として総観する。しかし思想史の中で提示されたそれぞれの「真理」が、それを主張する思想家によって異なるものであったことも明らかにする。思想史は、志向としては「絶対的」であり、結果的には「相対的」に見えるかもしれない。そのような検討を通じて、最後に、相対主義の可能性と絶対主義の可能性をともに考察していく。

相対主義と絶対主義のどちらがより説得的なのか。本書の中では明確な結論は出て来ないかもしれない。しかし、以上の二つの考え方を検討することによって、われわれは様々なものの見方があるのだ、ということを理解することになるだろう。哲学や倫理学は、終わりのない問いの連続と言っていいかもしれない。答えが見つかった、と思った瞬間、さらにたくさんの疑問が増えていく。しかしその疑問を考えていくうちに、われわれの前には、ものの見方や考え方の、今までに気づかなかった可能性が開けてくる。ものごとをいろいろな角度から考えるための視点を手に入れていくこと、そうしたわくわくする経験が、この学問の面白さであろう。さらに、その過程を通して、考えている「ものごと」そのものや、それを含んだ世界そのものが、それまでとは違った存在になっていくかもしれない。自分自身や自分の生き方も、変わっていくのかもしれない。知的な好奇心をいつも忘れずに、「なぜ？」と思いながらものごとを見ていくことが、われわれの人生を味わい深いものにするのだと思う。

なお、本文には註が付いている箇所があるが、出典や参考となる突っ込んだ議論を紹介しているだけなので、飛ばして読んでいただいて結構である。

目次

正義は時代や社会で違うのか

——相対主義と絶対主義の検討——

第1章 「相対主義」と「絶対主義」

価値観について

われわれはよく、「人によって価値観は違っていて当たり前だ」とか「世界には様々な価値観がある」とか「あの人とは価値観が違うから何を言っても無駄だ」とかいった言葉をしゃべったり耳にしたりする。でも、「価値観って何だ?」と改めて聞かれると、すぐに答えるのは難しいかもしれない。

ここでは、この「価値観」というものについて考えてみたい。世の中には、「価値観は文化によって違っている」と言う人もいれば、「個人によって違う」と言う人もいる。反面、「いや、人間だったら大体は同じような価値観を持っている」と言う人もいる。そのような様々な意見に耳を傾けることで、われわれは、今まで考えもしなかった、いろいろなものの見方・考え方があるんだ、ということに気づいていくかもしれない。

さて、では「価値観」とはいったい何なのか。「価値」と言えば、まず何かの値打ちみたいなことを思い浮かべる。それは「このペンは百円の価値がある」とお金で換算することもあるし、「この参考書は使ってみる価値がある」と何かの役に立つという視点から言われるものもある。でも「私の価値観に合っている」などと言う時の「価値」は、ちょっと違った意味のようだ。

われわれは日々、何かをしながら暮らしている。何かをする時に、「これをすべきか、やめとくべきか」とか「これとこれのどっちをしようか」などと選ぶ場合もある。どちらを選ぶのかは、「それをするのがよいから」とか「これをするのが正しいから」といった判断によるのではないだろうか。その「よい」とか「正しい」といった判断の基になるものが、「価値観」と言ってもいいかもしれない。

相対主義と絶対主義

生きていく上で、あるいは何かをする上で、何が「よい」ことか、「正しい」ことか、「美しい」ことか、「立派な」ことか……。こうした価値観は、人間が文化や経験の中で作り上げてきたことだから、地域や時代が違えば価値観も違って当然だ、育ってきた状況が違っているから人によっても違うかもしれない、と考えるのが自然かもしれない。この、場所や時間に相対《あいたい》して価値観も異なるという考え方を、「相対主義（relativism）」と呼ぶ。

これに対して、人間である以上、誰にとっても共通で絶対的な価値観があるのではないか、という考え方もある。これを、「相対」の反対の「絶対主義（absolutism）」と呼んでいる（歴史での専制的な体制を意味する「絶対主義」とは別物である。なお、「普遍主義」という言葉もあるが、これは「個体主義」の対義語ともなるので、本書では「絶対主義」を用いることにした）。

「絶対主義」の考えでは、われわれ一人一人や様々な文化の個性が違っていることは認めるが、それは価値観ではなく、別のものが違っているだけだ、とされる。価値観とはもっと根底にある共通のものだからだ。人間が「人間」という一つの名で呼ばれるのは、価値観がみんな共通しているからではないかという見方も可能だ。「人間として」これは正しい、これはやってはいけない、そういったことがあると考えられる。

さて、「相対主義」の考え方は今でも健在だ。われわれの多くは「よい」とか「正しい」はケースバイケースで決まると思っているし、世の中にケンカや戦争などが絶えないのも、価値観の違いが一つの大きな原因ではないかと思っている。試しに、「絶対主義」の人にこう聞いてみればいいかもしれない。「では、人間なら誰しもやってはいけないことと、正しくないこととは何ですか？」と。殺人だろうか。でも、戦争の時は敵を殺すことが褒められたりする。江戸時代に認められていた仇討ちも殺人だし、現代でも、死刑は公的な殺人ではないのか、安楽死や尊厳死は殺人ではないのか、といった議論もある。

相対主義の問題点

ところが、「相対主義」には問題が多い、という人たちもいる。まずはその意見に耳を傾けてみよう。

一、**どこの国にも「正義」に該当する言葉があり、同じように使われているではないか。**

日本で「正義」と呼ばれている概念は、英語ではjustice、フランス語ではLa justice、ドイツ語ではGerechtigkeitというように、ほとんどの国に存在している。そして相互に翻訳可能であり、意味もほぼ通じ、円滑なコミュニケーションができる。これは「正義」が基本的には共通の意味を持っていることを示しているのではないだろうか（プラトン、クワイン、デイヴィドソン、ローティなどの意見）。

二、**違っているのは価値観ではなく他のものではないか。**

日本などでは、子どもの頭をなでるのは子どもを褒めたり愛情を表わしたりすることになる。しかし東南アジアのいくつかの国などでは、それはタブーとされている。神聖な場所である頭を人間の手で汚されたとみなされるからである。これは価値観の違いなのだろうか。

そうではない、と考える人たちもいる。つまり、頭が神聖な場所であるかどうかというのは「事実認識や事実判断」の問題であり、文化によって異なって当然である。しかし頭をなでる文化にも、なでない文化にも、根底には「子どもは大切なものだ」という「価値観」があり、それはどの国でも共通だというものである（ビーチャム、加藤尚武などの意見）。

三、**相対主義は論理的におかしいのではないか。**

相対主義によってそれぞれの真理を認めた場合、異なる真理同士がぶつかってしまわないか。また、

「誤り」というものも存在しなくなるのではないか。そもそも、相対主義者が「人類共通の正義などはない、正義は国によって違うものである」と述べたとたん、それが「人類共通の真理」になってしまい、相対主義というのは論理的に成立しないものなのではないか（プラトン、ウィリアムズなどの意見）。

四、「共通点」があるからこその「違い」ではないか。

「AとBは違っている」と言う時、そこには結局、共通するものがないと、その違いを言えない、という人もいる。たとえば、「今日のお昼ご飯のカレーと、明日の天気は違う」という発言は当たり前すぎて意味がない。そこには何の共通性もないからだ。「私の身長と彼の身長は違う」と言うのは意味を持つ。長さという共通の物差しで測っているからだ。そうすると、「Aの価値観とBの価値観は違う」と言う時にも、それが意味を持つためには、その根底には共通する何かがあるはずだ、ということではないか（クワイン、デイヴィドソンなどの意見）。

五、人間は同じ生き物である以上、同じようなことを「よい」「正しい」と思って望んでいるのではないか。

「正義」などの、社会を生きていく上で重要な概念は、人間という種に固有であるということが言えないか。そもそも、われわれの生活形態（生まれ、学び、働き、食べ、増え、死ぬ）や論理構造（and, or, not, if などの推論）はどの国でもほぼ共通であり、それに基づく思考や目的も共通かもしれない。実際、どの国の人も、いつの時代でも、愛するものを大切にし、幸せになりたいと望んできた。そしてその思いは「正しい」ものである。そう考えると、一番基本の価値観は人類共通なのではないか（大多数の哲学者の意見）。

人間として望んでいることは大体は同じ

このように考えてくると、「私とあの人は価値観が違うから、わかり合えない」と言ってコミュニケーションを放棄するのは、早急すぎるかもしれない。あるリハビリ病棟に、歩行のリハビリに励んでいるおじいさんと、同じリハビリを拒み続けているおじいさんがいた。後者は療法士の人がどんなに勧めても、「もう年だし、歩けなくてもよかですたい」と、ずっとベッドに寝たきりである。われわれの多くは、二人の価値観は反対なのだと思うかもしれない。

二人と親しくなった研修生が、前者にリハビリに励んでる気持ちを聞いたところ、「療法士の人に迷惑をかけたくないから一生懸命やっている」ということだった。また、後者をお見舞いに来たおばあさんと話していると、「あのおじいさんは、人に迷惑をかけてまで歩きたくはない、と言うとりました」とのことだった。二人のおじいさんの価値観は共に「人様に迷惑をかけるのはよくない」ということで、それはわれわれも頷けるだろう。

そこで二人のおじいさんに、「療法士の人はあなた方を人格として大切に思っている。そしてリハビリは彼の仕事でもある。だから、迷惑でもなんでもない、マイペースで無理せずに歩けるようになったら彼も嬉しいんだよ」と言うと、前者は気持ちが楽になり、後者は素直にリハビリを受けて歩けるようになったということだ。つまり違っていたのは、リハビリを受けることが迷惑にあたるかどうか、という価値観以外の認識なのだ。

相互理解にとって必要なのは、人間として望んでいることは大体は同じではないか、と信じて、共通の価値を探していく努力かもしれない。

相対主義の擁護

さて、ここまで読んでくると、「絶対主義」の方が正しいように思えるのではないか。

しかし、今述べたリハビリの話は「多様なものの見方」も提供してくれる。「人様に迷惑をかけるのはよくない」という価値観であるが、本書で後に登場するカントは、迷惑だろうがそうでなかろうが「人格とはただそこにいてくれるだけで価値がある、素晴らしいものだ」という趣旨の考えを展開する。また、ミルが「ダメだ」というのは「他人への危害（めっちゃ大きな迷惑）」であって、小さな迷惑はお互い様かもしれない。そもそも、何が迷惑になるのか、「迷惑」という概念とはどんなものか、といった根本的な問い直しも必要だろう。

また、療法士の人も、どのようにおじいさんのリハビリに向き合っているのだろうか。「それが義務だから」というのならカントの義務論と同じかもしれない。「社会のお役に立ちたい」とか「たくさんの人を幸せにしたい」というのならミルの功利主義と共通のものがある。そして、「理屈抜きに、そうしたいから、そうしているのだ」というのならアリストテレスの徳倫理学に近いと言えるかもしれない。人と人の結びつき・関わり方の根底にあるものは人それぞれであり、同じ人の中でもケースバイケースかもしれず、そこには多様な価値観があるのかもしれない。

実際、「相対主義」を主張する人たちにも、それを支持するもっともな理由がある。それをいくつか見てみよう。

一、歴史的に見て、絶対的な正義は存在しないのではないか。

これまで絶対的と思われてきた「正義」が、実際はどれも相対的なのではないかという意見がある。古代の「各人に彼の分を与えなさい」も、それぞれの持ち分を決めるのはそれぞれの社会の習慣や法律である。プラトンの正義や善の「イデア」は理解できる人はほとんどいない。アリストテレスの「中庸の徳」も、徳が何かを決めているのは時代ごとの社会秩序のもとになっている伝統的な道徳だ。

人間の自然状態をもとに「正義」を追求した思想家たちもいたが、自然状態についての把握も、そこから導かれる正義も多種多様である。また、カントのように「人格の尊重」は結果にかかわらず絶対的な正義だ、と言う哲学者もいれば、いや、「なるべくたくさんの人ができるだけ幸せになれる」という結果をもたらすかどうかで「正しさ」は決まる、とケースバイケースで考えるミルのような哲学者もいる。

結局、「正義とは何か？」には正解がない。正解があればわれわれはもう「正義」について考える必要がなくなる。正解にロボットのように従えばいいことになる。しかし思考の放棄は人間の生き方ではないだろう。むしろ、われわれはその時その時の「正義」を、話し合いなどを重ねながら築いていかなければならない。それが人間として生きていくということなのではないだろうか（ケルゼンなどの意見）。

二、そもそも「何が見えているか」といったことすら相対的ではないか。

文化や経験によって、手持ちの理論や知識は違ってくる。そして理論や知識が違えば、何が見えているのかも違ってくる。「外」という文字を見ても、幼児には「タト」とカタカナに見えるかもしれないし、漢字を知らない人には単なる図形にしか見えないかもしれない。雪や氷の色も、寒い地方で暮らしている民族の中には、雪崩《なだ》れそうな雪とか割れそうな氷とか、生活や命に関わる経験と伝承によって、瞬時に十何色も見分けられる人たちがいるらしい。虹の色も、六色や五色、あるいは三色や二色に見え、また、その色数しか見えないという文化もある。このように、何が見えるかすら、文化や個人の経験によって相対的であるなら、もっと複雑な価値観はなおさら相対的なのではないか（ハンソンなどの意見）。

三、絶対的な真理だと思われる科学ですら、実は相対的ではないか。

科学などの知識は人類共通ではないか、という人もいるだろう。しかし、それさえも相対的である。これは国によって相対的というより、それぞれの理論ごとに真理があり、どれも正しい、ということだ。たとえば、近代以前の「天動説」では、大地が静止していて、太陽などの天体が東から西に動いていると考えていた。しかし、近代の「地動説」では、太陽のまわりを地球やその他の惑星が回っている。これは、科学の「進歩」であり、真理が書き換えられたということだろうか。

しかし実際は、新しい「地動説」が古い「天動説」より優れていて、古い「天動説」は誤りだ、というわけではない。それぞれが違った仕方で世界を説明しているにすぎない。なぜなら、宇宙の中では、地球も太陽も、そして銀河系も宇宙そのものも動いているからである。それぞれの理論は、そのどれかを仮に「止めてみる」としたらどうなるか、を述べているだけである。そうであるなら、どれを止めても間違いではないだろう。記述がより単純か複雑か、という違いはあるにしても。そこにはそれぞれの体系とそれに合った真理があるのだ。

　また、科学で一番基本的な空間や質量や時間は、「天動説」では、天上界と地上では異なるありかたをしていると考えられていた。ところが、「地動説」やニュートン的な宇宙観では、それらは宇宙のどこでも均一に広がり流れている。しかし、二十世紀に現われた相対性理論では、星などの巨大な重力場や、光の速さで運動している系においては、空間が伸びたり縮んだり、質量が大きくなったり小さくなったり、時間の流れが遅くなったり早くなったりと、「宇宙のどこでも均一なもの」ではなくなった。これも真理が新しく書き換えられたように見えるが、そうではない。普段の生活ではニュートンの物理学の「真理」が生きていて、その「真理」で十分暮らしていけるのだ。

　同じことが幾何学の世界でも言える。幾何学にとって一番基本的な点や線や面が、古典的な幾何学では実在するものとして扱われ、そうした「実在するものについて正しく言い当てていること」が「真理」と思われていた。しかし新しい幾何学では、たとえば二十三次元とかいった想像すらできない空間を扱い、そこでの点や線や面は、実際に存在しなくても、数式を充たす何ものかであるだけで十分だと思われるようになった。そうすると、実在に関係なく、ただ「矛盾なく理論が構築されていること」に「真理」の名が与えられるようになる。「真理」という考え方そのものも、ケースバイケースで異なるのだ。そう考えてくると、やはり「普遍的な真理や正しさ」なんてあるのだろうか、という気になってくる（クーンなどの意見）。

結局、相対主義なのか、絶対主義なのか、どちらが正解なのだ、とイライラしてきた人もいるかもしれない。実は、どちらが正しいのか、結論は出ていない。結論は出ていないにしても、以上の二つの考え方の、どちらがより説得的なのかを見てきて、われわれには様々なものの見方があるのだ、ということは理解されたのではないだろうか。

さて、次の章では、その相対主義のルーツを探る旅におもむいてみよう。

第2章　古代ギリシアの相対主義と絶対主義
——ソフィストとソクラテス

ソフィストたち

舞台は古代ギリシアから始まる。紀元前二〇〇〇年頃、エーゲ海の西にミケーネ文明を築いたギリシア人は、紀元前八〇〇年頃にはいくつものポリス（都市国家）を作っていった。その中でも最大のポリスは、民主主義の元祖アテネと、軍国主義のスパルタである。

紀元前五〇〇年頃、エーゲ海の東のペルシア帝国が拡大していった。これに抵抗してペルシア西岸のイオニア地方のギリシア人植民市の反乱が起こった。アテネは反乱軍を応援したため、反乱失敗後もペルシアとの対立が続き、「ペルシア戦争」に突入した。その経緯はヘロドトスの『歴史』に詳しい。

マラソン競技が生まれる元となった「マラトンの戦い」で勢いを得たアテネは、スパルタを含むギリシ

古代ギリシア世界

ア連合軍で「サラミスの海戦」による勝利を収め、「プラタイアの戦い」でペルシアの敗北を決定づけた。

　再びペルシアが攻めてきても戦えるようにと、エーゲ海周辺のポリスはデロス同盟を結び、最盛期には二百以上の都市国家が加盟した。そしてアテネはその盟主になった。政治・軍事・経済・文化の中心となったアテネにはお金も物も人もたくさん集まり、西洋文明の基礎が形成される。悲劇作家のアイスキュロス・ソフォクレス・エウリピデス、彫刻家フェイディアスなどが活躍し、壮麗なパルテノン神殿も建設された。

　宰相ペリクレスの時代に前後する紀元前四七〇年頃を境に、政治を志す者たちの需要に応えるように、デロス同盟の諸都市からソフィストたちがアテネに参集してきた。「ソフィスト」とは本来「知恵のある人」「知恵を授けてくれる人」という意味だ。彼らの多くは職業的な教師であり、報酬と引き替えに通常の初等教育以上のもの、すなわち、天文・幾何・算術・音楽・文法といった一般教養を教えていた。しかし中には、優れた人間となるための徳を授ける、と公言するソフィストも現われた。当時の民主政は富裕層による独裁を防ぐためにくじ引きや選挙で政治家を選んでいたため、弁の立つ扇動家（デマゴーグ）が政治の主導権を握ることも多かった。そこで、様々な知識を取り込みつつ自分の主張を大衆に信じ込ませる「弁論術」を教えるソフィストが多数台頭してきた。彼らは富裕な貴族層などから支持を得る一方で、大衆からの反感も買うこととなった[1]。

「ピュシス」と「ノモス」――「自然」と「人工」

さて、「ピュシス（physis）」と「ノモス（nomos）」という概念は、ソフィストたちが活躍した当時の思想状況を理解する上で欠かせないものである。「ピュシス」とは「自然のもの」という意味である。ちなみに「物理学」は英語でphysics《フィジックス》だが、もともとはギリシア語の「自然学」だった。「ノモス」とは「人工的なもの」といった意味で、法律・規範という意味でもある。エコノミー（経済学）やアストロノミー（天文学）とかの「ノミー」は知識や法則の体系や秩序などを意味する。

われわれが建物の屋上から空中に歩きだせば、誰でも例外なく下に落ちる。自然の法則に従っているからだ。自然の法則すなわち「ピュシス」には誰も逆らえない。人間は誰でも、食べ物を食べなければ生きていけないし、水中でも生きていけない。

ところが、われわれの取り決めた法律とかいろんな決まりは「ノモス」すなわち人工的なもので、社会や時代が違えば違ったものになり、地球上の全ての人間に共通のものはない。生きていく上で、あるいは何かをする上で、何が「よい」ことか、「正しい」ことか、「美しい」ことか、「立派な」ことか……。こうした価値観も、人間が文化や経験の中で作り上げてきたことだから、地域や時代が違えば価値観も違って当然だという「相対主義」が広まった。

古代ギリシアの医学の大成者ヒポクラテス（Hippocrates, BC460－BC377）は、『空気、水、場所について』で、気候や風土といった自然環境がそこに住む人々の心身にどのような影響を与え、それがいかなる病気の原因となっているのかを考察している。そこで彼は「ピュシス」すなわち「自然的で生得の素質」の結果と、「ノモス」つまり「人為的な習慣・習俗」による結果とを用いた説明を行った。

> 例えば、高湿多雨のパーシス地方では、住民は水分の多い果実を食べ、沼沢地をカヌーで行き来してほとんど歩かないので、長身で過度に肥満している。アジアでは土地が温和なため、人間の気質も柔和で穏やかである。これらは、「ピュシス」すなわち「自然的で生得の素質」の結果である。他方、長頭族という長い頭蓋骨を持つ人々がいるが、彼らの頭の形態は自然環境の影響ではなく、新生児の柔らかい頭に人為的な処置を加えることで形成され、それが遺伝的に受け継がれていったものである。こちらは、「ノモス」つまり「人為的な習慣・習俗」による結果である。[2]

彼が民族の特性を考察するために相補的に使っていたこれらの概念は、「真の実在」と「感覚的な事実」との対比を表わす概念としてもすでに用いられていた。レウキッポス（Leukippos 生没年不詳、

BC440－BC430頃活躍）は感覚的な性質がノモス上の存在にすぎないとした。デモクリトス（Democritos, BC460？－BC370？）も色彩や味覚をノモス上のこととし、実際に存在するのはアトムと虚であると述べている。パルメニデス（Parmenides, BC500/475－？）は「真の実在」に対比して、名目だけの思いなしで実体がない「死すべき者どもが真実と信じて定めた全て」を置いた。

しかし、紀元前四三一年から四〇四年までペロポネソス戦争が長引いた。トゥキディデスの『戦史』はそれを記述している。戦争に伴う政治的な混乱がギリシア全土を覆い、「ピュシス」と「ノモス」に関わる概念にも政治や道徳に関わる影響が現れた。紀元前四〇四年頃に或るソフィストによって書かれた『両論（*Dissoi Logoi, Dialexeis*）[3]』では、以下のような記述がなされている。

> 二通りの議論が善と悪について、ヘラス〔ギリシア〕では知を愛する人びとによって論じられている。……サンダルが擦り切れたり割れたりすることは、他の人には悪いことだが、靴屋にとっては善い。……勝利は勝者には善いが敗者には悪い。……美と醜についても、二通りの議論が論じられている。……婦人が家の中で水浴することは立派なことであるが、レスリング道場でするのはみっともない（ただし男にとっては、水浴するのは道場の中であれ体操場であれ、結構なことである）。また、壁で隠されるような場所でこっそり男と交わることは美しいことであるが、人が見るような外でするのはみっともない。……自分の夫と交わるのは美しいことだが、よその男とするのはきわめて恥ずべきことである。また、男にとっては、自分の妻と交わるのは美しいことだが、よその女とするのは恥ずべきことである。……ラケダイモン人にとっては、娘が裸で体操したり、袖なしや上着だけを着て外出

> することは美しいが、イオニア人にとってはみっともない。……マケドニア人には、娘が男に嫁ぐまでは求愛されて男と交わっても結構なことだが、嫁いでしまってからはそれは醜いことだと思われているが、ギリシア人にはどちらもみっともないことと思われる。……トラキア人にとっては、娘が刺青することは飾りであるが、他の民族にとっては刺青は犯罪者への罰である。……マッサゲタイ人は親を切り分けて食べてしまい、子供の中に葬られたことが最も美しい弔いだと思っているが、ギリシアでは、もしだれかがそんなことをしたら、恥ずべき恐ろしいことをしたと思われてギリシアから追放され、不幸な死を迎えることだろう。……リュディア人には、娘が春を売ってお金をかせぎ、それを持参金にして嫁ぐことが立派なことだと思われているが、ギリシアではだれもそういう娘を娶ろうとは思わないだろう。……そこで私が思うに、もしだれかがすべての人間に、それぞれが醜いと見なすものを一つところに持って来るように命じ、今度は逆にその集合の中から、それぞれが美しいと考えるものを持ち去るように命ずるなら、一つとして残されるものはなく、すべての人が全体を分けあうことになるだろう。それは、すべての人の認めるものが同じではないからである[4]。

紀元前五世紀頃のソフィストたちは、自然の本性（ピュシス）こそが唯一の真なる本質・規範であり、人間の所産（ノモス）は拘束力を持たない一時的な見解だと考えた。ソフィストのアンティポン（Antiphôn）は、「自然法則に従った必然的・絶対的な真理としてのピュシス」と「人間の思い込みにすぎない二次的で因襲的なノモス」を対立する概念と捉え、「万物の尺度は自然（ピュシス）である」という立場をとった。ソクラテス（Socrates, BC470/469 – BC399）の先生とされているアルケラオス（Archelaos）

も、法律は民族ごとにまちまちに作られた実体のない思い、すなわちノモスであり、正しいとか恥ずべきこととかいうのはノモスの上のことで、ピュシス上のものではないと考えた（なお、こうしたピュシスを優位におく考え方に対して、他方で、ピュシスを無秩序状態と捉え、ノモスによって万人に秩序が与えられるという考えもあった[5]）。

ピュシスに絶対の真理を求める以上のような考え方に反対したのが、ソフィストのプロタゴラス（Protagoras, BC500？ - 430？）だった。プラトンの『テアイテトス』によれば、プロタゴラスは「人間は万物の尺度である（a man is the measure of all things）」という主張[6]によって、相対主義の基礎を作ったとされる。この言葉の意味は主人公として登場しているソクラテスによって以下のように述べられている。

> 「あらゆるものの尺度であるのは人間だ。あるものについては、あるということの、あらぬものについては、あらぬということの」（中略）彼「プロタゴラス」の言おうとしているのは何でもこういうようなことではないのか。おのおののものが何らかの様子で僕に現れている場合、そのものは僕にとってそのようなものとしてあり、また君に何かの様子で現れておるならば、それはまた別に君にとってそのようなものとしてあるというのではないか。そして人間というのは、この場合の君や僕がつまりそれだというのではないか。（中略）そもそも風は同じ風が吹いていても、僕たちのうちで、ある者は寒気を感じるが、他の者は感じないというようなことが、どうだね、時折あるのではないか。またそれを感じるのにも、ひどく感ずる者とそれほど感じない者とがあるのではないか。（中略）したがって、ものの現れとそれの感覚とは、冷たいとか熱いとかいわれるようなものにおいて、またこの類のもの

すべてにおいて同じなのである。すなわち各人が何らかのように感覚しているところのものは、そのようなものとして各人にまたおそらくありもするのである[7]。

これは、「何が存在しているかさえ、個人によって違っている」という究極の「相対主義」であろう。同じ部屋に多くの人がいた場合、寒いと感じている人には寒い部屋が、涼しいと感じている人には涼しい部屋が、ちょうどよいと感じている人には快適な部屋が、暖かいと感じている人には暖かい部屋が、そして暑いと感じている人には暑い部屋が存在し、そのどれもが正しいということになる。

ソクラテスはプロタゴラスのこの主張に対して反論を展開する。その主旨は、「各人にとってそのように現われているものは、そのように存在している」という主張と「各人にとってそのように現われているものは、虚偽の場合もありうる」ということが矛盾するために、プロタゴラスの主張は間違っている、ということである。つまり、プロタゴラスの主張では、誤りが存在しなくなるのである。ここでは主張の主体の変動も認められ、ソクラテスの反論が完全に正しいかどうかは議論の余地が残るが、ここから反‐相対主義の流れが哲学史上に現われ、絶対主義の考え方が哲学・倫理学史の主流になっていくのである。

ソクラテスの生涯

ギリシアがペルシア戦争に勝利を収め、アテネはデロス同盟の中心となって宰相ペリクレスのもと民主主義の時代を迎えた。プロタゴラスなどのソフィスト（職業教師）や悲劇作家などがパルテノン神殿の周囲で活躍していた。ソクラテスは石工のソプロニスコスを父とし、産婆のパイナレテを母として、このアテネの黄金期に、音楽、体育、文学などの通常の教育を受けて育った。前四三一年、二十七年間続くペロポネソス戦争が始まるとソクラテスも三度戦場におもむき、勇気と冷静さを称賛された。国内にあっても、違法な裁判や不法な拘引命令などに死を賭して反対した。

彼が直接書いたものは残されていない。ちなみに、世界の四大聖人と呼ばれる人たちは、ソクラテスを含めて、誰も書物を残していない。

紀元前五世紀頃の仏教の開祖である仏陀は自ら仏典は記さず、その死後に弟子たちが編纂した。いくつかの経典の冒頭にも「如是我聞《によぜがもん》」つまり「弟子である私はこのように仏陀から聞いた」という語句が使われている。儒教の始祖である孔子の場合も、『論語』は弟子たちによってまとめられた。各章のはじめの「子曰く」は「先生の孔子がおっしゃることには」という意味である。キリスト教の『新約聖書』もイエスの死後にまとめられたものである。

ソクラテスについては同時代のアリストファネスの喜劇『雲』やクセノフォンの著作などにも描かれてはいるが、特に彼の哲学は弟子のプラトンの初期の対話篇に忠実に反映されていると考えられる。

さて、ソクラテスはデルポイ神殿の額の「汝自らを知れ」という命令と、「お前より知恵のある者はいない」という神託の意味の解明に促されて、自他の知識を吟味する活動を始めた。特異な容貌と質素な身なりで公共の広場に立ち、神からの使命として若者たちの教育を行なった。しかし社会通念の根本を検討する彼のやり方は、社会秩序の混乱を生み出すと非難され、告発される。その背景には、ソクラテスの弟

哲人たちの活躍期間

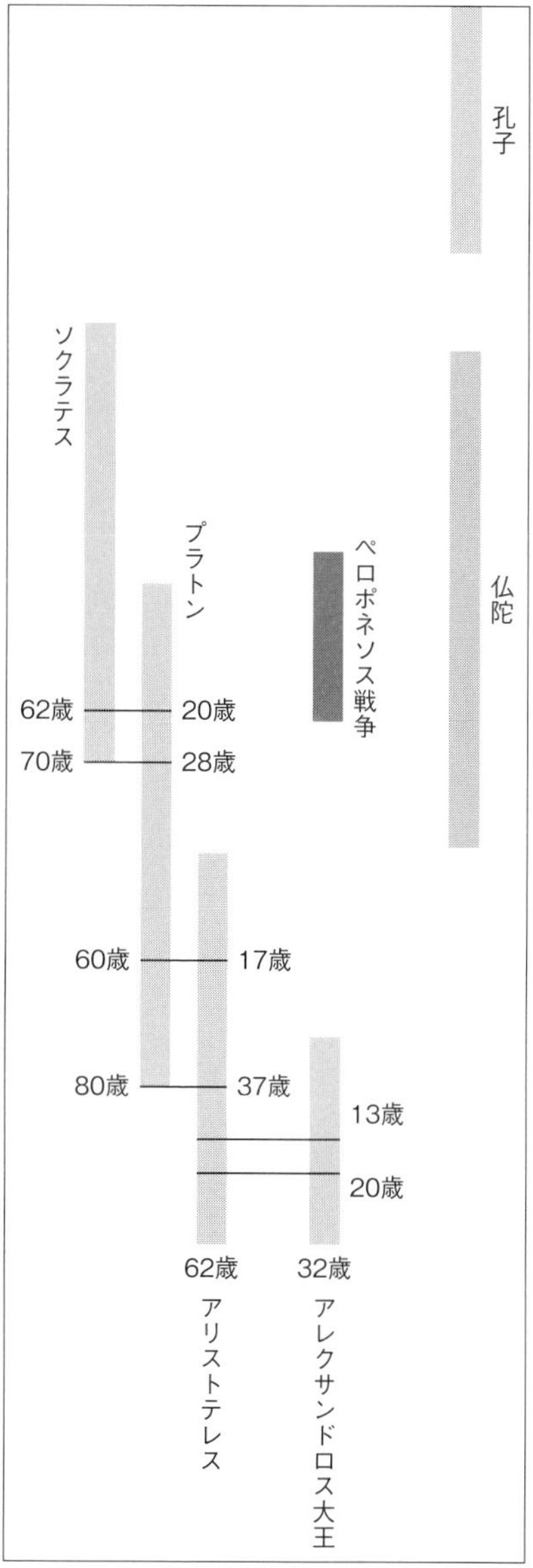

子に、ペロポネソス戦争でスパルタ側についたアルキビアデスや、戦後に親スパルタ政権の主要人物だったクリティアス、カルミデスらの存在があり、アテネの人々の憎悪を買っていたことも挙げられる。

彼は口先の法廷技術による減刑を退け、自らの生き方を貫くことを選んだ。そして判決に従い、刑死によって七十歳の生涯を終えた。この事実にちなんで、彼が死んだとされる四月二十七日は「哲学の日」として全国でいろいろなイベントが開催されている（なお、ユネスコの定める「世界哲学の日〔World Philosophy Day〕」は十一月の第三木曜日である）。

裁判の経緯と自分の正当性の弁明が『ソクラテスの弁明』[8]に、投獄後、脱獄の勧めを断わった経緯が『クリトン』[9]に、そして死刑の日に弟子たちと交わした対話が『パイドン』に、プラトンの筆で記されている。

不知の知（不知の自覚）

「ソクラテスより知恵のある者はいない」という神託にソクラテスはとまどった。自分は人間にとって大切な「勇気」や「正義」について何も知らないのに、神はなぜそのようなことをおっしゃるのだろうか。何かの間違いではないのか。そのことを確かめるために、人間のことに詳しい知者と呼ばれ、自らもそれを自負・自慢している人々、すなわち政治家や作家などの様々な人たちと問答を交わし始めた。

しかし、それらの人々は、ソクラテスの問いに答えることができなかった。たとえば、「正義」とは何かと尋ねると「借りたものを返すこと」と答えが返ってくる。しかし「友人がおかしな精神状態にある時に、借りていた武器を返すのは正義なのか」と問うと相手は答えられなくなる。最初の答えが正しくなかったからである。また「正義は強者の利益になることだ」と答える者も出てくる。しかし「正義はむしろ弱い者、つまり強者によって支配されている人々の利益を考えることではないか」とソクラテスに問われると、自分の主張に自信が持てなくなってくる。

また、「勇気」とは何かの問いには、「戦時に隊列にとどまって逃げないこと」という答えが返ってくる。しかし「逃げることで敵の隊列を崩し、身を返して戦って勝利を収めた例がある」というソクラテスの指摘に相手の確信は揺らぎだす。また「勇気は心の忍耐強さだ」と言う相手には「まったくの素人が我慢して潜水作業を行なう場合、その忍耐は勇気ではなく有害な行為だ」と返すことで、その定義が正しくないことを示す。

われわれは「善い」とか「美しい」とか「正しい」とか「勇気」とか「愛」といった言葉を日常使いこなしているように思っている。だからそれらの事柄について、知っていると思っているが、「正義」とは何なのか、「勇気」とは何なのか、と改めて尋ねられるときちんと答えられない。実は知ってはいなかったのである。知っていると思う限り、世界はそのようなものとして誤った形でわれわれに現われている。それに応じて、われわれは自分自身についてさえも誤った形で捉えていることになる。そしてその誤っている事柄についてそれ以上考えようとしない。ソクラテスは対話を何度も繰り返して得た気持ちを、『ソクラテスの弁明』で以下のように語っている。

この人間より、わたしは知恵がある。なぜなら、この男もわたしも、おそらく善美のことは何も知らないらしいけれど、この男は知らないのに、何か知っているように思っている。しかしわたしは知らないから、そのとおりにまた知らないと思っている。だから、つまりこのちょっとしたことで、わたしのほうが知恵のあることになるらしい[10]。

ここで、「知らない」ということが一八〇度転換する。自分はそのことについて知らないのだけれど、少なくとも「自分は知らないのだ」という事態だけは「知っている」ことになる。つまり「知」がそこに現われてくる。これが「不知の知」（不知の自覚）である[11]。知っていると思い込んでいる人はそれ以上知ろうとしない。だが、知らないことを自覚している人は、「知りたい」という気持ちが動き始める。そこからこそ、探求の道が始まる。それが学問の、そして哲学の始まりでもある。

哲学の方法＝対話

ソクラテスは、欲望や権威や通念などによって誤って信じ込んでいた事柄、正義や勇気や自分自身のあり方などを、対話を通じて吟味した。その過程で相手は自分の考えに矛盾があることに気づく。誤った思い込みの中に、正しい思いが存在していることを発見する。これが自分と相手の「魂の世話」であり、相手の魂の内に自ら理解を生み出すという「産婆術」の実践である。ソクラテスは「自分自身で考えること」を自分でも行ない、そして他の人にも勧め続けた。

こうして対話を行なうことで、自分と相手とが共通に「正しい」と認めることが出てくる。その「正しい」ことをもって、さらに他の相手と対話をすると、そこでも共通の「正しい」ことが出てくるかもしれない。このように対話を続けることで、自分にも相手にも確実で動じることのない共通の真理が抽出されていく可能性が『クリトン』で語られている。

> ソクラテス　不正な行為がそれを損ない、正義《ただ》しい行為がそれを益する、あのもの［魂］がすっかり駄目になった時、われわれは生きがいのある仕方で生きることができるだろうか。（中略）
>
> ソクラテス　いちばん大事にしなければならないのは生きることではなくて、よく生きることだ、という言論はどうだろう。これは依然として動かないだろうか、それともどうだろうか。
>
> クリトン　いや、動かないよ。
>
> ソクラテス　では、「よく」というのと「立派に」というのと「ただしく」というのは同じことである、というのはどうかね。これは動くか、それとも動かないかね。
>
> クリトン　動かない[12]。

われわれは、日々の身体的な欲望に流されてただ生きるのではなく、「善く生きたい」と考えている。その「善く」は、人にも自分にも恥じることなく「立派に」「美しく」「正しく」ということ、また「幸福に」ということでもある。

だがそれは自分だけが「善い」「幸福だ」と思うだけで完結するのではない。ソクラテス自身も客観的な「善さ」や「正しさ」を求めて、自分と相手とが納得し共同できる結論に至るまで、対話による吟味を続けた。彼が信じたものは、他人との対話を通じて常に同一を保ち「動かない」こと、つまり、「一貫性・整合性を持つ」ことのみであった。その一貫性は、われわれの言葉が全体として形作っている言語世界、すなわち、対話が成り立つという意味での共通性をすでに持っている言語世界そのものが、支えているのかもしれない。この、われわれがよく生きることの根拠となる常に一貫性を保つものが、プラトンに受け継がれ、永遠不変の「イデア」の存在という考えに集約されていったと思われる。

　こうして、社会によって価値観も異なるとする「相対主義」に対して、人類に共通で絶対的な価値観があると考える「絶対主義」の流れが始まっていったのである。

第3章　古代ギリシアの絶対主義（1）
——プラトン

プラトン（*Platōn*,［英］*Plato*, *BC427 - BC347*）

プラトンの生涯

ペロポネソス戦争が始まって四年後に、プラトンはアテネに生まれた。彼の二十三歳までの青少年時代は戦争の動乱期だった。友人たちと同様に彼は政治家を将来の仕事と考え、そのための教育を受けた。ソフィストたちの話も聞いたはずだ。

二十歳の時、ソクラテスと出会う。師のソクラテスは不当な裁判によって死刑を宣告され、国外逃亡のチャンスを退けて刑死した。プラトンは衝撃を受け、哲学の道を志す。その後国外を遍歴し、四十歳の時、アテネに学園「アカデメイア」を開いた。六十歳の時、十七歳だったアリストテレスが入学している。教育と著作を続け、八十歳で生涯を閉じた。

彼の著作のほとんどは複数の登場人物が劇の脚本のように対話を交わす「対話篇」という形をとり、ほぼ全作品にソクラテスが主人公として登場している。対話篇は通常三期に分けられる。ソクラテスの倫理的な生き方の必然性を描いた「ソクラテス的対話篇」と呼ばれる初期の作品群（『ソクラテスの弁明』『クリトン』『プロタゴラス』『ラケス』『ゴルギアス』など）、プラトン自身のイデア論と魂論が述べられる中期の作品群（『メノン』『パイドン』『国家』『饗宴』など）、存在論・認識論・倫理学・政治学・宇宙論などが集大成されてゆく後期の作品群（『パルメニデス』『テアイテトス』『ソフィスト』『ティマイオス』『ピレボス』『法律』など）である。

物質ではない心や正義は存在するか

当時、唯物論も盛んであった。唯物論とは、この世界に存在するものは全て（原子から成る）物質だけであるという考え方である。そうすると、「心」は物質ではないから存在しないことになる。心と呼んでいるわれわれの思考や意識は、脳の神経細胞という「物質」の間での電気的・化学的な信号のやりとりである、と現代の唯物論者は言うだろう。思考や意識が脳なくしては存在せず、脳の状態と「対応」していることはおそらく正しい。しかし、脳の物理的な状態が思考や意識の「原因」とまで言えるのか？　すでに紀元前四世紀にあって、現代でもホットな論争がなされている問題にプラトンの目は向けられていた。

『パイドン』では次のように語られている。

——また、〈われわれが思考すること〉をなさしめているのは、はたして、血液がなのであろうか。それとも気とか火というのが、それをなさしめているのだろうか。いな、それらのいずれでもなくて、頭脳こそが、聴くとか視るとか嗅ぐとかの感覚をわれわれにもたらすのであり、そうしたもろもろの感覚から、記憶と思いなしが生じ、さらにはその記憶と思いなしが定着してくるようになると、そこからまさに〈知識〉が生成してくるのであろうか？（中略）

ところがああ、これほどの期待からも、友よ、わたしはつき放されて、むなしく遠ざからずを得なかったのだ。この［アナクサゴラスの書いた］書物を読みすすんでいくにつれ、ヌゥス（知性）をなんら役立てず、もろもろのものごとをひとつに秩序づけるいかなる原因も、それに帰することなく、かえって気（空気）とかアイテールとか水とかその他にも多くのまさに場外れなもの！　を持ち出して、それらを原因だとする、そのような男を見つけたときにはねぇ。

これでは、たとえば次のようなことをいう人と、すこしも変わらないではないかと、わたしは思った。それはまず、

——ソクラテスは、そのすべての行為を、ヌゥス（知性）によってなしている——［a］

といっておきながら、さてわたしのなす個々の行為についその原因を語ろうとするくだりになると、まず、いまここに坐っていること、の原因について、こう語るとしてみたまえ。

——ソクラテスの身体をつくっているものに、骨と腱がある。骨は、固く、各片は分離されて、

関節のところでつながっている。他方、腱は伸縮自在なものであり、それが、肉やまた以上の全部をひとつに保持する皮膚とともに、骨を包んでいる。さて、そこで骨が、それの結合部分において自由な動きをなすときに、腱が伸縮して、わたしがいま四肢を曲げるようなことを可能にするのであり、そしてじつにこの原因によって、わたしはいまここに脚をまげて坐っているのである――〔b〕

さらにまた、いま、君たちと話し合っていることについても、それと似たことを原因として語るのだ。つまり、音声とか空気とか聴覚とか他にもそんなものを無数に持ち出す。そして、真に『原因』であるものは、これをいわずに放っておくのだ。いやそれ［真の原因］は、ほかでもない、

――アテナイの人たちが、わたしに有罪の判決を下すほうが、〈よい〉と思ったこと、そしてそれ故に、わたしとしても、ここに坐っているほうが、〈よい〉と判断したこと、そして彼らの命ずる刑罰ならなにであれ、この地に留まってそれを受けることのほうが、〈正しい〉と判断したこと――〔c〕

によるのである。（中略）

なぜなら、そういう人［唯物論者］は、

――一方では、真に原因であるもの［「よい」「正しい」］があり、他方では、それがなくてはその原因がじっさい原因たることはできないというもの（必須条件）があり、この両者はまったく別ものである――

と、はっきり分別できないのだからねえ。[1]

ソクラテスは死刑の判決を受けて投獄される。そこで友人のクリトンから脱獄の誘いを受けるが、それを断わって獄中に留まり、座っている。その「原因」として、まず、脳からの指令を受けた身体の腱や骨が曲がって座っているという「物理的な説明」が行なわれる。もちろん、物理的なモノは、行為のための必須条件ではある。しかしそれは、「真の原因」ではありえない。彼の行為を導いた真の原因とは、彼自身がそれを「よい」「正しい」と認めたことである。このような価値的な判断の根底には「善さそのもの」「正しさそのもの」すなわち「イデア」が常に変わることなく存在しており、われわれの行為を導く原因として、また後には存在の把握の原因として語られることになる。

イデアとは

では、イデアとはどのようなものだろうか。それは見られるもの・感覚されるものではなく、思惟されるもの・知性によって把握される姿だと考えられる。プラトンは「〜そのもの」「〜自体」という言い方をしている。

たとえば、目の前の机は、長い年月の間にいつかは壊れてなくなる。しかし、われわれは、たとえ世界大戦や大災害などで世界中の机がなくなったとしても、もう一度机を作ることができる。われわれに「机そのもの・机のイデア」があるからだ。それは概念やイメージに近いような気がするが、もっと独自のものである。とにかく、個々の机は変形して椅子になったり台になったり、最終的にはいつかはなくなるが、「机のイデア」は常に「机」であり、永遠不滅である。

あるいはここに美しい花があったとする。しかしそれは、いつかは枯れ果てて美しくなくなる。花ですらなくなる。しかし「美それ自体・美のイデア」は「美しくない」ということになることはなく、永遠に美しい。花に限らず、様々な多くのものが美しいのは、この「美のイデア」を分有し、「美のイデア」はその場を占有しそこに現存しているからである。そしてその時、この花は、花であることさえもカッコに入れられて、ただ「美しいもの」として現われるのである。そして「美のイデア」が離れて行く時、美しくないものになってしまう。

最初に机の例を出したが、プラトンにとってイデアが要請されたのは、主に美や正義といった価値が問われ意見が分かれる問題に対してだった。

「存在する」とはどういうことなのか

これに対して唯物論者・自然主義者の側から、「イデアのような抽象的なものは単に説明のための工夫にすぎず、実際には脳などの物質しか存在していない」という反論も予想される。しかし、われわれに納得のいく説明のために語られ、整合的で矛盾の生じない世界を形作っているものこそ、存在すると言っていいのではないだろうか。

実際、唯物論者が「物質しか存在していない」と言っても、「では物質はどこに存在しているのだ」と問えば、「空間の中に」と答えるだろう。「空間」が存在し、その中に物質も存在している。しかし「空間」はもはや物質ではない。それは理解のために必要とされる「何か」である。しかし「存在」していると言うしかない。「時間」「機能」「目的」「秩序」「原因」「結果」「エネルギー」「力」といった物質ではないものも同様である。このことはむしろ、純粋に物質のみからなる世界という考え方こそが無理があるのかもしれないことを示唆している。

つまり、「存在する」の意味が問い直されているのである。「存在する」とは、空間に位置を占めている物質のみに適用される概念ではない。物理的なモノを含めた世界全体（その中にはわれわれ自身が生きて存在していることも含まれる）は、価値的なもの、即ち「正義」とか「善」の「イデア」に基づいて把握されることによって、われわれに「理解できる世界」となって成立している。ソクラテスが述べた「ただ生きるのではなく、善く生きる」ということを目指してわれわれは生きているのであり、そのような「善さ」を求めて「生きている」われわれによって把握されているものが「世界」なのである。それ以外には世界の存在を語ることはできない。「世界」は「生きている」われわれの理解と関係なく存在しているのではないのである。プラトンが「イデア論」で目指したのは、そのような存在の捉え方であった。

たとえば、そこにある同じ一つのものが、机なのか、台なのか、椅子なのか、収納ケースなのか、われわれの暮らし方で異なる意味づけが行われる。自然物にしても、それが厄介な雑草なのか、あるいは有難い薬草、美味しそうな食材、可憐な被写体、化粧水の材料、花壇の縁どり、キリスト教の十字架の象徴、仏教の菩提樹の象徴、そして単なるドクダミという植物と、やはりわれわれの対応によって違った存在として現われるのである。

正義とは

プラトンは主著の一つ『国家』において、「正義とは何か」の探究に向かう。主人公のソクラテスは様々な人との対話を通して正義の定義を検討していく。正義とは、「借りたものを返すこと」ではないことはソクラテスの項で前述した。「友を益し敵を害すること」でもない。誰が善い人で誰が悪い人なのかの判断は誤りやすい上に、そもそも正しい人は誰にせよ害を与えるものではないからだ。「強い者の利益」ではないことも前述のとおりである。では正義とは「行為の有益な結果のゆえに求められるもの」だろうか。この考えは、正義を「目的としての善」ではなく「手段としての善」と捉えることになり、これも拒否される[2]。このような対話による吟味を経て、「正義」の位置づけが行われる。

人間は、他人よりも、あるいは今自分が持っているよりも「より多くを取りたい（プレオネクシア）」という自然状態にある。「ギュゲスの指輪」という挿話はそのことを語っているように見える。羊飼いのギュゲスが、地震で生じた地下の割れ目で、姿の消える魔力のある黄金の指輪を拾う。そしてそれを使って王女と通じ、王を殺害し、国を乗っ取る話である。続けてこうも言われる。

> さて、かりにこのような指輪が二つあったとして、その一つを正しい人が、他の一つを不正な人が、はめるとしてみましょう。それでもなお正義のうちにとどまって、あくまでも他人のものに手をつけずに控えているほど、鋼鉄のように志操堅固な者など、ひとりもいまいと思われましょう。市場から

何でも好きなものを、何おそれることもなく取ってくることもできるし、家に入りこんで、誰とでも好きな者と交わることもできるし、これと思う人々を殺したり、縛《いまし》めから解放したりすることもできるし、その他何ごとにつけても、人間たちのなかで神さまのように振舞えるというのに！――こういう行為にかけては、正しい人のすることは、不正な人のすることと何ら異なるところがなく、両者とも同じ事柄へ赴くことでしょう。[3]

人間は、人に見られなければ自分の欲望に正直に従う自然本性を持っているのではないか。そうすると、「正義」とは、そうした自然本性に「法的な枠をはめるもの」だろうか。

自然本来のあり方からいえば、人に不正を加えることは善（利）、自分が不正を受けることは悪（害）であるが、ただどちらかといえば、自分が不正を受けることによってこうむる悪（害）のほうが、人に不正を加えることによって得る善（利）よりも大きい。そこで、人間たちがお互いに不正を加えたり受けたりし合って、その両方を経験してみると、一方を避け他方を得るだけの力のない連中は、不正を加えることも受けることもないように互いに契約を結んでおくのが、得策であると考えるようになる。このことからして、人々は法律を制定し、お互いの間の契約を結ぶということを始めた。そして法の命ずる事柄を「合法的」であり「正しいこと」であると呼ぶようになった。[4]

この考えは道徳を「外的な規制」として捉えるものである。つまり、「なぜ正しい行為をするのか」の理由を問われて「罰が怖いから」と答える人の立場である。道徳は人間の「内的なもの」だと考えるプラトンはこの考えを否定する。「正しい行為」をする理由は、もっと心の内面から湧いてくる、その人の「あり方」に関わるものなのだ。

国家の三部分と魂の三部分の類比

そこでひとまず、国家との類比で、魂はどのようなものか、そして正義がいかなるものとしてあるのかを探究しようということになる。しかるのちに個人の魂における正義の探究に向かうのである。

プラトンによると、そもそも国家ができたのは、われわれは一人一人では自給自足できず多くのものに不足しているので、食料や衣服や履物や住居などの必要なものを「分業」によって得るためである。しかし物が溢れて娯楽が認められてくると、欲望の膨れ上がった贅沢な国家になる。そこでは領土や財貨をめぐる戦争も起こるため、国の守り手・戦士が必要となる。それらをまとめる統治者も必要になり、階層化された国家が建設される。

われわれの魂も、同じような構成をとっている。つまり国家の「統治者、戦士、生産者」という階層に対応して、魂にも「理知的部分、気概的部分、欲望的部分」が存在している。そして国家も魂も、一つのまとまりとして秩序を保っている。

『国家』第九巻では、魂の三つの部分に対応した快楽と愛（何を目指し何に突き進むのか）についても述べられている。

理知的部分＝「学びを愛する部分」「知を愛する部分」
気概的部分＝「勝利を愛する部分」「名誉を愛する部分」
欲望的部分＝「金銭を愛する部分」「利得を愛する部分」

国家と魂が正しいものであるなら、当時の主要な徳（アレテー）である「勇気（アンドレイア）」「知恵（ソフィア）」「節制（思慮分別、ソープロシュネー）」「正義（ディカイオシュネー）」はそこにどのように関わるのだろうか。

プラトンは、「知恵」を「理知的部分・統治者」に、「勇気」を「気概的部分・戦士」に関係づけた。

〈勇気〉と〈知恵〉の場合は、どちらも国家のある特定の部分のうちに存在することによって、一方は国家を知恵のある国家とし、他方は勇気ある国家とするということだったが、〈節制〉はそうではない。それは国家の全体に、文字通り弦の全音域に行きわたるように行きわたっていて（中略）まさにこのような合意こそが〈節制〉にほかならないと、きわめて正当に主張することができるだろう——すなわちそれは、国家の場合であれひとりひとりの場合であれ、素質の劣ったものとすぐれたものの間に、どちらが支配すべきかということについて成立する一致協和なのだ[5]

「節制（思慮分別）」は、本性上従属的な部分である「気概的部分・戦士」と「欲望的部分・生産者」の両方が、本性上支配的な部分である「理知的部分・統治者」に協調し従うことで、国家や魂の全体の秩序がもたらされるところに存在する。

「そしてわれわれは、思うに、この部分〈気概的部分〉のゆえに一人一人の人間を勇気ある人と呼ぶことになるのだ。すなわちそれは、その人の〈気概の部分〉がさまざまの苦痛と快楽のただ中にあって、恐れてしかるべきものとそうでないものについて〈理性〉が告げた指令を守り通す場合のことだ」

「正しい呼び方です」と彼は答えた。

「他方、知恵があると呼ぶのは、その人のうちで支配し、それらの指令を告げたあの小さな部分〈理知的部分〉によるのであって、この部分もまた、三つの部分のそれぞれにとって、またそれらの部分からなる自分たちの共同体全体にとって、何が利益になるかということの知識を、自分の内にもっているのだ」

「ええ、たしかに」

「ではどうだろう？　節制ある人と呼ぶのは、それらの部分の相互の間の友愛と協調によるのではないかね？　すなわちそれは、支配する部分〈理知的部分〉と支配される二つの部分〈気概的部分と欲望的部分〉とが、〈理知的部分〉こそが支配すべきであることに意見が一致して、この支配者に対して内乱を起こさない場合のことだ」

「たしかに節制とは」と彼は言った、「それ以外のものではありません。国家の場合も、個人の場合も[6]」

正義のありか

では、「正義」はどこにあるのだろうか。正義は、国家においては、三つの階層がそれぞれに自分自身の分を守って、互いに手出しせずに、自分自身の働きをするという、専業に基づく三階層全体の秩序に関わる。

> 国家の場合は、その内にある三つの種族のそれぞれが「自分のことだけをする」ことによって正しい[7]

> われわれのおのおのにおいては、その内にある三つの部分それぞれがその部分自身のことをなす場合に、その人は正しいひとであり、またそのひとは自分自身のことをなす人である[8]

国家との類比に従って、人の魂の場合も、専業による三部分全体の秩序に求められると、ひとまずは述べられ、後世の解説者の多くもそう考えている。

人が正しい人間であるのも、国家が正しくあったのとちょうど同じ仕方によるものであると、われわ

統治者 —	理知的部分 —	知恵		
戦士 —	気概的部分 —	勇気	節制	正義
生産者 —	欲望的部分			

プラトンの正義の図式

れは主張すべきだろう（中略）〈理知的部分〉には、この部分は知恵があって魂全体のために配慮するものであるから、支配するという仕事にふさわしく、他方〈気概の部分〉には、その支配に聴従しその味方となって戦うという仕事が本来ふさわしいのではないか（中略）そしてこの二つの部分がそのようにしてはぐくまれ、本当の意味で自分の仕事を学んで教育されたならば、〈欲望的部分〉を監督指導することになるであろう。この〈欲望的部分〉こそは、各人のうちなる魂がもつ最多数者であり、その本性によってあくことなく金銭を渇望する部分なのだ[9]

図式化すると、上の図のようになる（節制が欲望的部分「だけ」の徳ではないことに注意しよう）。

「理性と調和した欲求や感情」

アリストテレスの項でも述べるが、プラトンも欲求や感情は理性的なものもあると考えており、「理性と調和した欲求や感情」を備えた人こそが、節制の徳のある人であると考えていたようである。

小学校で「理性的」の対義語は「感情的」と習った記憶がある人もいるだろう。

近代以降、欲求や感情は動物的なものとされてきた。

ミルの功利主義では、人間は動物であることを認め、理性を働かせて、人に迷惑をかけずに最短で欲求を叶えることに価値を見出した。

カントの義務論では、欲求や感情を理性による冷静な判断でコントロールするところに人間性を捉えた。つまり「正しい人」とは「正しいことを行なう人」であり、いやいやながらでも正しいことを行なえば、正しい人とされる。よくあるたとえでは、われわれの中に天使（理性）と悪魔（欲求）がいて、悪魔の誘惑を天使が抑え込むことで正しいことがなされる。

しかし、プラトンはそのような人を「正しい人」とは呼ばない。彼は、欲求や感情に、動物的なものもあるが、人間らしい理性的なものもあると考えた。空腹から万引きをしたり、カーッとなって人を殴ったりするのは動物的かもしれないが、拾った財布を交番に届けたいという欲求や、ラーメン屋さんで列を作って並んでいるところに割り込んでくる人を見てルール違反の怒りを覚えるのは、道徳性があり理性的である。バーニェット（Myles Fredric Burnyeat, 1939 - 2019）も、「理性的欲求（the reasoned desires）」を「何を善とするかという観点から周到に組織立てられた思慮ある価値図式から生み出された欲求」としている[10]。

「正しい人」とは、そのような「理性と調和した欲求や感情」が身についており、自分がやりたいことがすべて正しいことと一致し美しく感じられ、正しくないことはすべて醜いと感じて見たくもないと思える人である[11]。

しかるべき正しい教育を与えられた者は、欠陥のあるもの、美しく作られていないものや自然において美しく生じていないものを最も鋭敏に感知して、かくてそれを正当に嫌悪しつつ、美しいものをこそ誉め讃え、それを歓びそれを魂の中へ迎え入れながら、それら美しいものから糧を得て育まれ、みずから美しくすぐれた人となるだろうし、他方、醜いものは正当にこれを非難し、憎むだろう[12]

そして、「理性と調和した欲求や感情」をわれわれは躾《しつ》けや教育や習慣づけによって身につけ、その場にふさわしい行動がとれるようになる。プラトンは、戦争や危機などの「強いられた状況」で、取り乱さずに適切な行動ができる人を「勇気」ある人とし、「平和で自発的な行為のできる状況」で心のままに振る舞いながらしかもそれが驕り高ぶることなく自らの分を守り節度を保っている人を「節制」ある人としている[13]。彼らがそのような行動をとれるのは、「今、この状況ではこうすべきだ」ということが習慣づけによって身につき把握されているためである。そして彼らは自分や他人の行為について正しく語り評価できるようになっている。つまり倫理的な世界のあり方が「見えている」のである。ただし彼らは「正義とは何か」「節制とは何か」をまだ知っているわけではない。「正義」や「善」の問題はそこに関わってくる。

国家と魂の「非」類比

プラトンは国家と魂の類比に基づく図式を「不完全な尺度による下図にすぎず、徳をできる限りよく見てとるためには、別のもっと長いまわり道が必要だ」と述べる[14]。どういうことだろうか。先の引用で、国家の「正義」は、「三つの階層のそれぞれが余計な手出しをせずに自分のことだけをする」ということだった。しかし一人一人の魂の「正義」は、「三つの部分それぞれがその部分自身のことをなす」場合にその人は正しい人である、というところまでは国家と同様だが、「またその人は自分自身のことをなす人である」という付け加えがある（四一頁参照）。この付け加えの意味を松永雄二（1929－）は次のように述べている。

> 正義というアレテーの意味は、われわれのおのおのを正しいひととして成立させるものであるというよりはむしろ、われわれのおのおのをまさに一人のひと＝〈わたし〉として成立させるものであったということである。[15]

一般的には（後述のカントやミルも）、「正しい人」とは「正しいことをする人」と考えている。その時、自ら進んで正しいことをしてなくても、いやいやながら、やむを得ないこととして正しいことをしていても、それは「正しい人」とされる。その線で考えれば、人間というのは先の「ギュゲスの指輪」で触れたように、「より多くを取る」という欲望の充足を目指すことを自然本性とする生き物である、という了解にたどり着く。そして「正義」とは、権力や財力を持たない大衆が、平等を求めて取り決めた「自分の心の外側からの強制的な規制」にすぎない、という理解が成り立つ。

しかし、プラトンは、われわれは「善という価値」「正義という価値」に関わって、「よく生きること」を目指して生きている、と考えている。このわれわれの生きることを支えている「価値」の問題、特に

「よい」という価値の理解なしには、われわれは自分の「生きていること」の意味が理解できない。言い換えれば、何か「自然本性」とかその他の勝手な思いの内に動かされているだけで、「本当に生きてはいない」のである。そこでの「正義」の問題も、「外的な強制力」ではなく、自分自身の内側からの「正義」である。あるいは、「正義を担うもの」としてしか、真の意味での「わたし」は存在していないのである。ソクラテスが「汝自らを知れ」という神からの声に対して、「正義とは何か」等を主題とした対話へと向かったのも、同じ動機からだっただろう。

実際、プラトンは、この国家における正義は「正義の影」にすぎないと述べ、大切なのは「内的な行為に関わる正義」であると述べている[16]。

> 真実はといえば、どうやら、〈正義〉とは、（中略）自分の仕事をするといっても外的な行為にかかわるものではなくて、内的な行為にかかわるものであり、本当の意味での自己自身と自己自身の仕事にかかわるものであるようだ。すなわち、自分の内なるそれぞれのものにそれ自身の仕事でないことをするのを許さず、魂のなかにある種族に互いに余計な手出しをすることも許さないで、真に自分に固有の事を整え、自分で自分を支配し、秩序づけ、自己自身と親しい友となり、三つあるそれらの部分を（中略）調和させ（中略）完全な意味での一人の人間になりきって――かくてそのうえで、もし何かをする必要があれば、はじめて行為に出るということになるのだ[17]

二種類の教育

以上の状況に対応して、『国家』では二種類の教育（パイデイア）が提起されている。松永の議論に基づいてまとめてみよう[18]。

パイデイア1（第二巻・第三巻）：音楽や文芸や体育による教育。リズムやハーモニーや物語（ロゴス）による「習慣づけ」によるものであり、教育される者は、徳それ自身の成立の意味を知らない。つまり「善」の知ではなく、自然本性的な把握に基礎づけられた「正しい思い」を持っているだけである。全体を配慮する「知恵（ソフィア）」の支配・コントロールのもとで、「勇気」と「節制」の徳が形成され、そのことによる「秩序ある生」を保つものという意味での「正義（の影像）」が、ひとまずは、可能になる。そしてこの時点で、「倫理的な世界」の住人になれる。言い換えれば、他人や自分の様々な行為を「語り・評価する」言葉を持ち、そのような言葉で成り立つ世界に参入することになる。

パイデイア2（第七巻）：イデアの認識に至る教育。太陽の比喩・線分の比喩・洞窟の比喩で語られる、「ディアレクティケー（対話・問答法）」による魂の向け変えによる教育（この後紹介する）。私が私自身として成立する、つまりは私自身の存在を「知る＝形作る」ことに関わる知。無造作な「私」という前提とそれにとっての「良さ＝有益さ」という把握を許さず、むしろ、よき生の成立の構成要素であり、その知の存在がそのまま私自身の成立を意味するという知。知慮（フロネーシス）・知解（ヌースを持つこと）の成立。

もっと長いまわり道

さて、私の生を成り立たせている「正義」をきちんと考察するために、プラトンは「国家との類比」ではなく「もっと長いまわり道」が必要だと述べていた。そこで問題とされるのは、われわれの生を支える「善」の把握である。

なぜ「善」がわれわれの「生を支えている」と言えるのか。それは、たとえどんな悪人でも、あるいは欲望を求めて生きている人でも、少なくとも自分にとっての利益、つまり自分にとって「よい」ことを求めている、と言えるからである。そして彼らは、いや、誰でもが、最終的には「幸せ」になりたいのではないだろうか。「幸福」は、究極的に「よいこと」、つまり「善」である。われわれは、ソクラテスの項で述べたように、「ただ漫然と毎日を生きる」のではなく「よく生きる」ことを目指している。そしてそこでの「よく」は、「正しく」でもあった。そして、われわれにとっての世界は、そのような「善さ」を求めるわれわれによって解釈され把握されているものであった。

言い換えるなら、われわれは「善という価値」「正義という価値」に関わって生きているし、また、そこにしか生きる場所はない。以下の松永の言葉はこのことをわかりやすく語っている。

> 人間にとって欲望のままに生きているということは、決してただ生きているということではなく、むしろそれはそれ自身「よく生きているかあしく生きているか」という問いのうちにあることなのです。

そしていってみれば、そのような仕方で、人間の生というのは、初めから終わりまで徹頭徹尾、価値的な場所においてしかないのです。（中略）

たとえばいま、すべての価値的なものを無視して、ただ自分の欲望のみに生きようとしている人を想定してみましょう。その人は、果たして一切の価値の外で生きているのでしょうか。否それはそうではないと思います。なぜなら、その人はその時すでに一つの生き方を選んでいるといえるからです。つまり、その時その人は自分の欲望のままに行為する生を、自分の生き方として選んでいるのです。であれば、その人は、その生をともかくも自分にとってよいものとして選んでいることになります。すなわちその人は、たとえそれが誤った仕方であるにしても、ともかくもやはり価値的なもの（＝よい）にかかわっており、そこで生きているのです。（中略）

では、倫理（モラル）というのは、われわれの生において、本当は如何なる意味で存在しているのでしょうか。それはいま一口でいえば、われわれがよき生とかよき行為というのを問題とする場合に、「自分にとってよい（＝得になる）」というところから〈よい〉というのを考えるのではなく、むしろ〈よい〉というそのことから「自分にとってよい」ということを知る（＝知らされる）ことにあるのだ、と思います。そしてその立場の変革においておそらくはその時、その「自分にとってよい」という言葉の意味は何か微妙にしかも根本的に変わるのではないかと思います。[19]

そこで、プラトンの意識は「善そのもの」、すなわち「善のイデア」の探究に向かう。それが前述の「パイデイア2」である。しかし、「善」が何であるかを直接語るのは困難なので、「太陽の比喩」「線分の比喩」「洞窟の比喩」という「三つの比喩」で語られる。

太陽の比喩

目は、太陽の光がなければ、そこにあるものが見えないし、自分に視力があることすらわからない。魂も、「真実と存在」（「善そのもの」）の光がないと、ものの認識ができないし、自分に知性があることすらわからない。すなわち「善」は、イデア的な対象を認識させる根拠であると同時に、知性を働かせる根拠でもあるのだ。

> それでは、このように、認識される対象には真理性を提供し、認識する主体には認識機能を提供するものこそが、〈善〉の実相（イデア）にほかならないのだと、確言してくれたまえ。それは知識と真理の原因（根拠）なのであって、確かにそれ自身認識の対象となるものと考えなければならないが、しかし、認識と真理とはどちらもかくも美しいものではあるけれども、〈善〉はこの両者とは別のものであり、これらよりもさらに美しいものと考えてこそ、君の考えは正しいことになるだろう。[20]

われわれが生きていくために必要な世界把握は、「よく生きる」という意識のもとで行なわれる把握であり、それ以外の把握の仕方はありえない。つまり、「善そのもの」がわれわれの世界認識と同時に、われわれの人としての存在そのものを成り立たせているのである。

線分の比喩

線分の比喩

次に、線分の上に、AC：「視覚によって見られるもの」と、CB：「理性・思惟によって知られるもの」が分別され、対比される。「視覚によって見られるもの」は影や鏡像などのAD：「似姿」と、それの元になっている動植物などのDC：「実物」である。「理性・思惟によって知られるもの」は数学や科学等の原理的な前提（公理・公準）から展開されるCE：「学問」と、原理的な前提そのものを探究し言論によって規定していくEB：「ディアレクティケー（対話・問答法）」である。そして、精確さの比例関係は、AC：CBの比例関係が、AD：DCの比例関係、CE：EBの比例関係と等しいというものである（AC：CB＝AD：DC＝CE：EB）[21]。これは、註の図で詳しく示しているように、存在把握の探究過程を表わしている。

ここで「ディアレクティケー＝方法として成立する哲学」ということが述べられているかもしれない。すなわち、常に「前提とされるもの」を問い続ける終わりのないディアレクティケーの営みそのものが哲学なのである。

なお、「見られるもの」と「知られるもの」の関係は、いわゆる現象界とイデア界の「二世界説」として、独立分離したものとして捉えるのは早計である。ここでは「視覚：思惟」という形で説明のために対比されてはいるが、視覚が思惟と独立に成立しているのではなく、

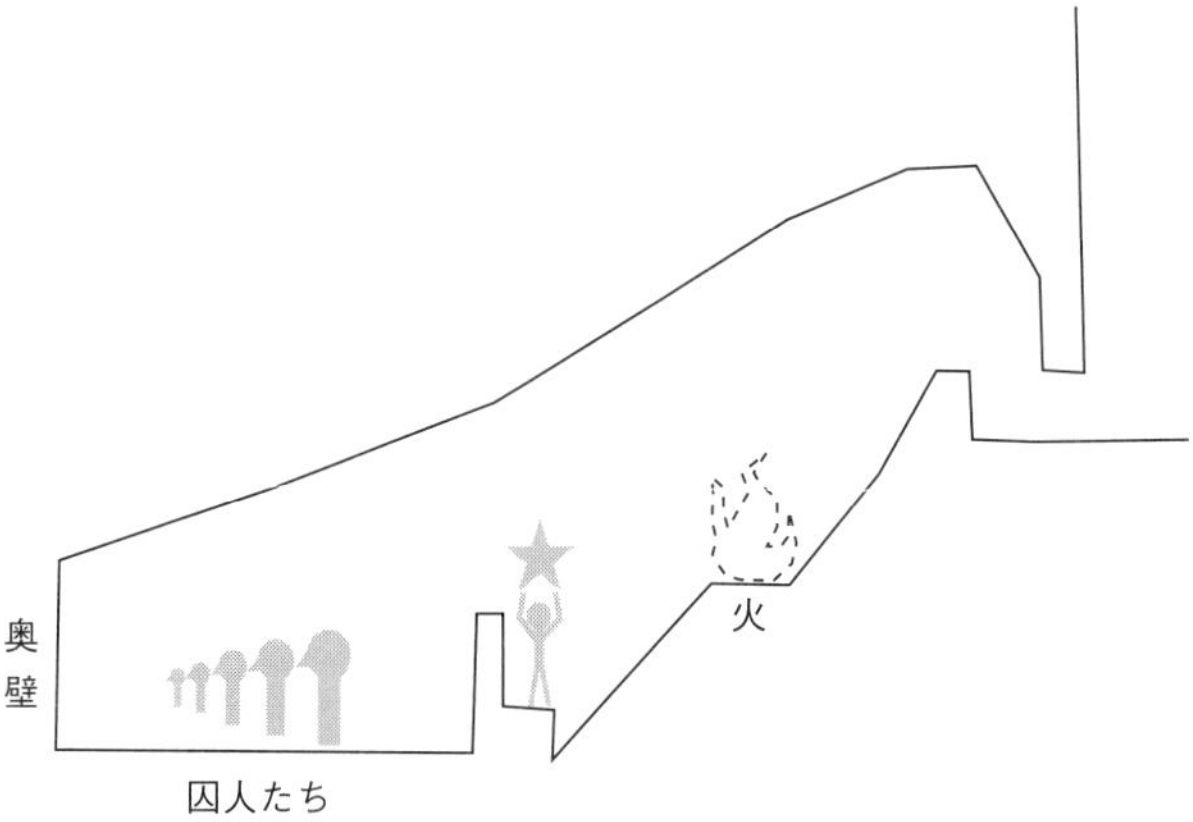

洞窟の比喩

主体としての魂の思惟あっての視覚の成立という構図は通底している。すなわちどちらもわれわれの現実の世界であって、プラトンは探究の、そして存在把握の道筋を丁寧に追っているにすぎない[22]。

洞窟の比喩

プラトンは、教養と無教養に関わる人間の本性を、洞窟の囚人に例えている。囚人たちは、生まれてずっと地下の洞窟で手足を縛られ、頭の向きも奥壁に向けて固定されている。彼らの背後に、道に沿って人形劇の衝立のような壁があり、さらに向こうには火が燃えて、壁の上を運ばれる物の影を奥壁に投影している。彼らはその影が真実の存在だと思っている。

しかし誰かが解放されて、火や実物を見たらどうだろう。はじめはまぶしがって影の方が本物だと言い張るだろうが、次第に実物に慣れていくだろう。そして今度は洞窟から連れ出されて外の世界に出たらどうだろう。やはりはじめはまぶしがるが、影や水に映る映像などから慣らしていき、最後には実物を見るだろう。そして慣れるにしたがって、太陽を見て、それこそが全ての原因であることに気づくだろう。そしてもう洞窟には戻りたいとは思わなくなるだろう。もし戻った者がいて真実を語っても、彼は囚人たちから「おかしな奴だ」と思われるだろう。

この囚人たちのいる洞窟が「視覚を通して現われる領域」であり、外の世界は「思惟によって知られる世界」である（そして二つは一つにつながっている）。この知的な世界には「善のイデア」があり、「見られる世界」では光を生み出し、「思惟によって知られる世界」では真実性と知性を提供する。[23]

魂の向け変え

以上の三つの比喩に共通するものは、善のイデアを志向する方向に心を向けることと、善のイデアの場所から振り返った時には世界がそれまでとは異なった相貌で見えるということである。[24]

プラトンは「存在」の意味を捉えなおし、あるいは「魂の目の向け変え」（ペリアゴーゲー、メタストロペー、conversio、回心）を行ない、一切を「善」「よく生きること」に基づく「私」と「世界」との関わりで捉えた時に、「存在」とはどういうことになるのかを考えようとした。それは「何を（既存の）存在に組み入れるか」ではなく、「存在とは、よく生きていく私にとっていったい何なのか」を、すなわち「前提そのもの」を、考える歩みだったのではないだろうか。それを行なう徳を、プラトンは知慮（フロネーシス）と呼んでいる。これは他の徳のように「習慣づけ」によって身につく徳ではなく、ディアレク

> ティケーによる魂の向け変えによって得られるものである。
>
> そうすると、魂の徳とふつう呼ばれているものがいろいろとあるけれども、ほかのものはみなおそらく、事実上は身体の徳のほうに近いものかもしれない。なぜなら、それらの徳はじっさいに、以前にはなかったのが後になってから、習慣と練習によって内に形成されるものだからね。けれども、知の徳〔フロネーシス〕だけは、何にもまして、もっと何か神的なものに所属しているように思われる。その神的な器官〔知性〕は自分の力をいついかなるときにもけっして失うことはないけれども、ただ向け変えのいかんによって、有用・有益なものともなるし、逆に無益・有害なものともなるのだ。[25]

「世界」とは「あらかじめ価値を伴った世界」であり、「われわれ＝すべての主体である魂」は、価値を伴う形でしか存在を認識できないのではないかと思われる。その価値を支える究極の概念を「善さ」とわれわれは呼んでいる。そうであれば、その価値を支える「善さそのもの」が存在しないことには世界は認識できないし、それどころか、世界はそもそも存在しない。さらには、私自身すら正確には存在しない。このことが、「善のイデア」の考察が示していることではないだろうか。そして「正義」もまた、そこにあるのである。[26]

　プラトンにとって、政治や法律の問題も、人間としてのわれわれの善き生＝徳の問題と関わるものであった。彼はわれわれの存在把握や認識の問題から国家観・宇宙観までを射程にとらえて、論理的に納得のいく整合的な秩序を探究した。

しかし、師弟関係にあり、同じ「絶対主義」でも、プラトンの思想は、その弟子のアリストテレスとはかなり異なっている。われわれは次に、アリストテレスの倫理思想を探っていこう。

第4章　古代ギリシアの絶対主義（2）

――アリストテレス

❖――――アリストテレス（*Aristotelēs,*［英］*Aristotle, BC384 - BC322*）

アリストテレスの生涯

マケドニアの支配下にあったギリシアの植民地スタゲイラに生まれた。父のニコマコスはマケドニア王の侍医だった。しかしアリストテレスは幼くして両親を失くし、姉夫婦のもとで育った。十七歳でアテネのアカデメイアに入学し、二十年ほどを過ごした。プラトンが亡くなると、その甥のスペウシッポスが学頭に選ばれ、アリストテレスはアテネを去った。この人事には反マケドニア勢力の影響があったとも言われているが、定かではない。

その後、小アジアのアッソスで結婚し、レスボス島に移住して生物学の研究を行なった。四十二歳でマケドニア王に招かれ、十三歳だったアレクサンドロス大王の家庭教師をし、王が即位した翌年、四十九歳の時にアテネに戻って郊外に学園「リュケイオン」を作った。歩廊（ペリパトス）を逍遥（散歩もペリパトス）しながら議論したことから、「ペリパトス学派」と呼ばれ、何百年も「アカデメイア」のライバルとして、競いつつ共存していた。

万学の祖

彼は多岐にわたる著作を残している。プラトンに倣った対話編など、膨大な数があったと言われているが、多くは失われている。残されたもののほとんどは専門家向けの講義ノートで、わかりやすく書かれている。彼の死後三百年ほど経って、ペリパトス学派の十一代目学頭のアンドロニコスによって編纂されたものが「アリストテレス全集」として伝わっている。構成は以下の通りである。

あらゆる学問の道具（オルガノン）である論理学
理論的学問（テオリア）である自然学（物理学、天文学、気象学、動物学、植物学）と形而上学（存在論、神学）
実践的学問（プラクシス）である倫理学と政治学
制作的学問（ポイエーシス）である弁論術と文学論

当時の哲学は、自然科学も含むほとんど全ての学問のことであり、アリストテレスは「万学の祖」と言われている。なお現在英語圏で神学・法学・医学を除いた理系・文系の学問分野の博士号に用いられるPh.D.（ピー・エイチ・ディー）は、哲学博士 Philosophiae Doctor の略である。

アリストテレスの主要な著作は、七世紀にシリアを経由して、あるいは直接、イスラム世界で翻訳され、研究された。それが十二世紀になって西欧世界にもたらされ、スコラ哲学（後述）の中で定着した。十六世紀の科学革命の際に対立する旧権力として批判を受けたこともあったが、現在も様々な角度から研究が行われている。

学問としての倫理学

正義を主題として扱う倫理学が「学問」としてどのような性質を持っているのか、まず知っておこう。彼は「学問」について、『形而上学』でこう述べている。

いやしくも「知っている」や「理解すること」はといえば、それは〈経験〉よりも〈技術〉のほうにより多く属してるとわれわれは思っている。（中略）これはほかでもない、技術家のほうは事柄の原因（根拠）を知っているのに対して、たんなる経験家のほうはそれを知らないからである。すなわち、経験家は「そうであること」（事実）は知っているけれども、「なぜ」そうであるかを知っていない。

他方、技術家は、この「なぜ」そうであるかということ、すなわち原因（根拠）を認識している。（中略）さらに全般的にいって、ものごとを知っている人と知らない人とを区別するしるしは、ほかの者にそれを教えることができるかどうか、という点にある。そしてこのことのゆえに、われわれは、〈経験〉よりも〈技術〉のほうがいっそう学問的知識としての性格をもつと考えられている。[1]

経験とは事実を「～であると知ること（knowing that ～）」・「こと」の知、すなわち「事実知」であるのに対して、技術や学問は理由や原因を「なぜ～であるかを知ること（knowing why ～）」・「わけ」の知、つまり「原因知」である。「空が青い」というのは見ればわかる事実にすぎない。しかし「なぜ空は青いのか」を探究し原因を突き止めると、それは気象学や光学といった学問になる。これは作り話かもしれないが、往年の名野球選手である長嶋に「どうやったらホームランが打てるんですか」と尋ねたところ、「バッターボックスに立って、いい球が来たら、思いっきりバットを振ればいいんです」と答えたという。名人芸ではあるが、これでは技術や学問とは言えない。イチローの場合、なぜ打てたのか、なぜ打てなかったのかを研究し、毎年打撃フォームを理論的に組み立て直しヒットを量産した。こちらは技術や学問に価するだろう。

倫理学の目的――「徳のある人」

アリストテレスは「倫理学」の目的を、「われわれが何かを望んでいる時さらにその目的となっているもの、またそれ自体でも望んでいるもの」、すなわち、あらゆる行為の最終的な目的となっているものである「善」を知ることであるとしている。それは「人にとっての善さ」つまり「よくなすこと」「よく生きること」であり「幸福」でもある。

では、彼はその学問をどのようにデザインしたのだろうか。「空は青い」とか「海の水は塩辛い」という「事実（こと）」がわかってない人に、「光の波長や散乱」とか「アルカリ金属類による中和作用」といった「理由（わけ）」を説明してもあまり効果がない。アリストテレスも、倫理学の講義を聴く資格として、徳についての「事実（こと）」がわかっていること、つまり、すでによい習慣やしつけなどで、「どんな行為が美しくどんな行為が正しいか」をわかっていることを要求する。

> こうして、美しいことや正しいこと、すなわち一般に政治学〔と倫理学〕が扱う話題についてしっかりと聞こうとするならば、人は習慣によって立派に躾けられていなければならない。というのも、事実が出発点であり、これが十分明らかになっていれば、その理由をさらに必要とすることはないであろうから。そうした立派に躾けられている人というのは、出発点をすでに手にしているか、あるいは、たやすく手にすることのできる人なのである。[2]

この箇所について、バーニェットは次のように述べている。

ここでなされている対比、すなわち「こと（事実）」を弁《わきま》えていることと、「こと」ばかりでなく「わけ（根拠・理由）」の両方を弁えていることの対比は、何かが然々《しかじか》であると知っているもしくは思っていることと、それがなぜ然々《しかじか》であるのか理解していることとの違いである。（中略）自らのためを知る人は「わけ」を弁えた者、つまりアリストテレスの用語では人生の様々な状況において自分自身のために何をなすべきかということを思案する理解力を身に備えた実践知を持った人である。これに対して、適切な忠告に耳を傾ける用意のある人は「こと」を学んで、アリストテレスの講義に益されることのできる者となる。この一連の講義は明らかにこのような人間に対して、彼がすでに手にしている、もしくは容易に手にいれることのできる、「こと」を説明し正当化する「わけ」について、筋道のたった理解を与えるために企てられているのである。では、その「こと」とは何か。（中略）それらの行為が美しく正しいということである。[3]

われわれがはじめて何が美しく何が正しいか学び知る（分かるようになる）のは一連の事例を経験することによってではなく、それらから帰納を行なったりすることによってでもなく、また（知的もしくは感覚的）直感によってでもなく、ただ美しいことを行なうことを学び知ることによって、つまり美しく正しい行為に習熟することによってなのである。[4]

アリストテレスの教育も、プラトン同様、二段階の構成をとっている。そして、一段階目は、習慣づけによる習熟として行なわれる。これもプラトンと同じである。しかし、アリストテレスはプラトンの二段階目の教育の眼目である「イデア」を否定した。

彼は「知識は普遍的なかたちを取り、普遍的な定義が求められる」のであるが、「普遍的定義に対応して、感覚的個物から離れてその普遍（イデア、エイドス）が独立に存在すると考えるのは誤りである」と主張する[5]。

そもそも、倫理学とは、永久不変の普遍的知識の学問ではなく、現実の行動における学問である。学問である以上は、一般的な知識が問題にされる。しかしそれは「個々の状況」において、われわれが獲得する個別的な行為の知識を一般化することで最終的に得られる知識であり、すべてに先立って普遍的な知識があるのではない。そしてその行為の知識は、科学的な厳密な知識ではなく、日常生活の指針となる程度のレベルでよく、それは人生経験を積んで成熟した行為者それぞれにそなわっているものである。したがって、その知識が（カントやミルのように）法則などの形で定式化・コード化できることをアリストテレスは否定していたとの見方も強い。

むしろアリストテレスにとって倫理学の目的は、倫理的に成熟した「善い人」の養成にあった。それは「徳のある人」とも言われる。アリストテレスの教育の二段階目については、後ほど考えることにして、とにかく一段階目から見ていこう。

徳とは何か

ところで、「徳（アレテー）」とは何なのか。古代ギリシアの「徳」は、人間に限定されず、広く「すぐれていること」「卓越していること」を意味する。そして「すぐれた〜」とは、「〜の機能を発揮する〜」

ということである。

「すぐれた馬」とは「よく走る馬」のことである。「よいペン」とは「書きやすいペン」である。「よい大工」とは「ちゃんと家を建てる大工」であり、「よい医者」とは「病気や怪我を治してくれる医者」である。これは人間にもあてはまる。つまり、「善い人」とは「徳のある人」であり、「人間の機能を発揮する人間」ということになる。以下、『ニコマコス倫理学』に沿って見ていこう。

> 徳というのはすべて、それがそなわるところのものを善き状態にし、そのものに自分の機能をよく行なうようにさせるところのものだと言わなければならない。たとえば目の徳が、目と目の機能をすぐれたものにするように。なぜなら、われわれは目の徳によってよく見ることができるからである。（中略）そこでもしこのようなことがあらゆる場合に成り立つとすれば、人間の徳もまた、人間を善きものにするところの、そして人間に自分自身の機能をよく行わせるところの状態である、ということになろう。[6]

「人間の機能」とは

しかし、新たな疑問が出てくる。そもそも「人間の機能」とは何だろうか。まず頭に浮かぶのは「生きること」である。しかし「生きること」は他の生命種にも共通する機能である（種の存続、つまり複製機能も生命に共通のものとしてアリストテレスは他の箇所で述べている）。そこで「人間の機能」を絞り込むために、彼は他の生命種の機能との比較を行なう。

> まず、「生きる」ということは、植物とも動物とも共通することだと思われるが、われわれの探し求めているのは人間に固有の機能である。それゆえ、単なる栄養的生や身体的成長の生は除外されねばならない。次に来るのは、ある種の感覚的生であるが、これもまた馬や牛、その他すべての動物と共通しているように思われる。そこで残っているのは、人間において「理性（ロゴス）」をそなえている部分、その部分によるある種の行為的生である。[7]

植物の生は、栄養摂取と成長を行なっている。根や葉などから水分や養分や太陽光などを取り入れ、育っていく。動物はそれに加えて、感覚と運動を行なっている。餌となるものを知覚し、それに向かって動く。では、人間の機能とは、以上に加えて何があるのだろうか。それは、「魂の理性をそなえている部分による行為ができること」である。「理性をそなえている部分」には「理性に従う」部分と「みずから理性を持つ」部分がある。

「みずから理性を持つ」部分の徳には、「知性・思考の徳」として、知恵に基づいて利益などに捉われず客観的に物事を観察し真理に至る「観想（テオリア）」と、実生活の中で善い生き方を目指す「思慮（フロネーシス）」がある。

「理性に従う」部分は、子どもが親や先生の助言に従うことにたとえられる。この部分の徳は実際の行動における「倫理的な徳」であり、勇気・節制・寛大さ・穏和・誇り・ユーモア・友愛・正義がある。

徳の獲得——「習慣づけ」

では、正義に関わる「倫理的な徳」はどのようにして身につくのだろうか。

> 徳の場合は、さまざまな技術の場合と同様、われわれはまずその行為を現実化することによって身につけるのである。（中略）たとえば人は家を建てることによって建築家になり、竪琴を弾くことによって竪琴奏者になるのである。まさにこれと同様に、正しいことを行なうことによって、われわれは正しい人になり、節制あることを行なうことによって節制ある人になり、また勇気あることを行なうことによって、勇気ある人になるのである。[8]

徳は「習慣づけ」によって身につく。ピアノを繰り返し練習することでピアニストになるように、正しい行為を繰り返し行なうことで正しい人になる。しかしそれは単なる反復ではない。ピアニストはきちんとした指導のもとで上達し、上達するにしたがって何が適切な演奏なのかを知っていく。正しい人も、正しい行為を行なう中で、何が正しいことなのかを知っていくのである。

本当に正しい人とは——「理性と調和した欲求や感情」

プラトンの項でも述べたように、欲求や感情には、動物的なものもあるが、理性と調和したものもある。こうした人間的な欲求や感情を育んでいくことが、正しい人になることである。

> さまざまな行為に伴って生じる快楽や苦痛を、われわれは人の性格の状態を示す指標にしなければならない。なぜなら、肉体的な快楽を差し控え、まさにそのことによろこびを感じる人は節制ある人であり、それを嫌がる人は放埒な人だからであり、また、恐ろしいことに耐え、それによろこびを感じたり、あるいは少なくとも苦痛に思わない人は勇気ある人であり、苦痛を覚えるような人は臆病なひとだからである。（中略）それゆえ、プラトンが言っているように、よろこぶべきことをよろこび、苦しむべきことを苦しむように、そのようにわれわれは若い頃からただちに何らかの仕方で指導されなければならない。それこそが正しい教育なのである[9]。

プラトンにならって、「喜ぶべきことを喜び、苦しむべきことを苦しむ」ように、若い頃から一定の仕方で指導されることが正しい教育である。こうして、「第二の自然（第二の本性[10]）」としての徳ある性格が醸成されるのである。

> 性格というのは、何らかの仕方で、あらかじめ徳にふさわしいものとして人にそなわっていて、美しいものに愛情を抱き、醜いものを厭うようなものになっていなければならない。（中略）さまざまな法によって、養育と種々の営みが定められていなければならない。定められたものは実際、慣れれば苦痛ではなくなるであろう。けれどもおそらく、若い頃に正しい養育と配慮を受けるだけでは十分でなく、大人になってからも、定められたことを実行し、かつ習慣化しなければならない以上、こうした点に関してもわれわれは法を必要とするであろうし、また一般に、人生の全体に関してもわれわれは法を必要とするのである。[11]

こうして培われた徳は、『論語』の「七十にして心の欲する所に従って矩《のり》を踰《こ》えず」、つまり「自分の心のままに行動しても道を踏み外すことがなくなった」という境地に近いかもしれない。

そして本当の「自由」というものもそこにある。自由の一つの要素として「選べること・選択」の幅が広いことが挙げられる。われわれがその選択を心のままに欲求し自由に選んで行動しても、それは倫理的に正しいということである。

> 選択されうるものとは、「われわれの力の範囲内にあるもの」のうちで、熟慮され欲求されうるところのものなのだから、選択というのは、「われわれの力の範囲内にあるものごと」への、「熟慮に基づく欲求（ブーレウティケー・オレクシス）」ということになるだろう。なぜなら、われわれは熟慮した上で判定を下したときに、熟慮に基づいて欲求することになるからである。[12]

バーニェットも、「徳ある行為を行なうのを学び知ること、それを習慣つまり第二の本性とすること」に、その行為を楽しみ悦ぶこと、つまり「適切な快」を感じることを指摘している。そして、大衆は「恐れや刑罰」から不正な行為をしないのに対して、よくしつけられた人は不正な行為に醜さの感覚や「恥じらいの感覚・意識」を持つことを指摘する。

アリストテレスの第二段階の教育は「すでに徳ある者となることを望んでいる人に自分が何を行なうべきか、また何ゆえそれを行なうべきか、ということをよりよく理解することができるような、実践的思考の方向づけ」と言えるかもしれない[13]。バーニェットはまた、次のように述べている。

> 真の問題とは、いかにしてわれわれは、自らの属する種の本性がめざす目的としての、完全に成熟した理性的動物へと、成長するのかという問いである。いかにして分別は、われわれを統御して、われわれのうちにあっていわば子供の役を演ずる（中略）動機と応答の様式を、最も善く培い養うように仕向けるのであろうか。ある意味で、アリストテレスの『ニコマコス倫理学』全体が、この問いに対する答なのである[14]。

バーニェットは三つの価値のカテゴリーを提示する。

1、われわれの動物的な自然本性の生得的部分が追求する「快」

2、善いしつけや習慣に関わる「美」
3、成熟した思慮の対象である「善」

これらは欲求と感情と知性にも結びついており、プラトンの魂の三部分説のアリストテレス版である。三つのカテゴリーは異なる価値でありながら、同じ一つのものが複数のカテゴリーに当てはまっても構わない。この三つが自分の中で調和することが、アリストテレスにおける第二段階の教育であった。

> 完全に徳ある者となるためにわれわれのなすべきことは、これらの三つの価値のカテゴリーを相互に調和させることである。良い躾がいかにして、美しいものを、われわれにとって快いもののうちに、それもおそらく重要な部分として組み入れていくのかという様子は、すでにわれわれの見てきたとおりである。アリストテレスの講義は、その次の段階において、美しいものを、われわれの善さの把握の、それもおそらく重要な部分として、組み入れるために企図されているのである（中略）徳に適った行為をそれ自体として選択することを、徳の条件としていたのは、このためである。選択は、善さの把握を基点とする思案を通して到達されるものであり、それにはそのような行為を美しいとか快いとかいうだけでなく、それ自体として善いものとして求める欲求が含まれているのである。だがこれにアリストテレスは、正当にも、もう一つさらに次の条件を付け加えている。なぜなら、選択ということだけなら、それは無抑制や、また実際、抑制にも含まれているからである。その条件とは、そのような過程すべてが、決して変わることのない人柄から発するものでなければならないということで

ある。すなわち、自ら善いとわかっていることを愛し、そこに最大の悦びを見出すことは、徳ある人にとって、第二の本性となっているのである。（中略）そのような人において、三つの価値のカテゴリーは互いに調和しているのである。つまり今やこれらの三つの価値は、快と苦によって共約可能なものとなったのである。ただし、それはソクラテスの主知主義と結びついていたような非難さるべき仕方においてではない。徳ある人の快の把握は、今や、善についての何ものにも依存しない分別にもとづいた彼自身の把握によって養われているからである[15]。

最近復活してきた「徳倫理学[16]」では、アリストテレスを主要な典拠として、理性だけではなく欲求や感情を含んだ「正しい人のあり方」を倫理の基本としている[17]。これは先に述べたように、「正しい行為」を倫理の基本としたカントなどとは別の方向を向いている。次の菅豊彦（1941－）の記述を参照されたい。

> その道徳判断はカントの場合とは大きく異なっている。カントは「ここで何をすべきか」は「時と場所を超越してすべての理性的存在者に対して妥当する普遍的法則命題」から導出されると考える。それに対して、アリストテレスは（中略）行為に関して普遍的な主張をすることは不可能であると考えている。アリストテレスにとっては、「何をすべきか」は必ず具体的文脈の中で決まってくる。したがって「正しい欲求に一致している真理」という表現における「正しい欲求」とは「この状況における正しい欲求」という意味である[18]。

バーニェットもまた、次のように述べている。

> アリストテレスの見解によれば、行為の美しさや正しさは一般的な規則や伝統的指針の形で明確に規定されえないものである。（中略）陶冶された識別力、つまり一般的諸規則の単なる適用に収まらないこの能力を俟《ま》ってはじめて、個別の状況において徳を発揮するために何が必要であるのかということが明らかとなる。（中略）アリストテレスがここで指摘しようとしているのは、規則とか指針とかに還元されえない一般的な評価態度を、個々の断片的な事例の様々な局面から身に付け内面化することのできる、われわれの能力のことなのである[19]。

この「能力」と関連するものとして、本書14章で登場するマクダウェルは次の主張を行なっている。親切の徳を持つ人には、状況が親切な行為を求めているという「感受性（知覚能力）」があり、それ以外の選択肢は生じない。つまり、親切を「行なわない」という理由は「沈黙」させられてしまうのである。彼はこのような性格の人なのである。

このような人をアリストテレスは「優れて善き人」すなわち「思慮（フロネーシス）ある人」と呼んでいる。プラトンも「徳ある人」を「思慮ある人」と呼んでいたが、アリストテレスはプラトンとは異なった仕方でそう呼んでいるようである。

中庸の徳

理性と調和した欲求や感情は、やりすぎることと不足することの中間、中庸《ちゅうよう》をねらうことで調整され、倫理的な徳となる。「節制と勇気は超過と不足によって破壊され、中間性によって維持される」[20]。アリストテレスは中庸を語る箇所で感情と行為をめぐる人柄の徳を問題としている[21]。アリストテレスにおける個別的な徳の問題は、「人のあり方」としての徳から、「行為のあり方」としての徳への移行の面を持っているようである。

たとえば「勇気」は「無謀」と「臆病」の中庸であり、「気前のよさ」は「浪費」と「けち」の中庸である。彼の徳の一覧表を『エウデモス倫理学』も参照して、超過－**中庸**－不足、という形で示せば、以下のようになる。

- 向こう見ず－**勇気**－臆病
- 浪費－**気前の良さ**－けち
- 虚栄－**高邁**－卑下
- 怒りっぽさ－**温厚**－怒りの欠如
- 悪ふざけ－**機知**－野暮
- 引っ込み思案－**つつしみ**－恥知らず
- 放埒－**節制**－無感覚
- 悪趣味（俗悪）－**度量の大きさ**－さもしさ
- 名誉愛－**（名前なし）**－名誉心の欠如
- ほら－**正直さ**－とぼけ
- おべっか－**友愛**－意地悪

●（うまく立ち回る人への）ねたみ－**（不当な人への）憤り**－悪意（他人の不運を喜ぶこと）
●不正を為すこと－**正義**－不正を受けること

最後の「正義」は、他者との関係における完全な徳であり、正義のうちには全ての徳がまとまって入っている、とされる。

友愛

他者との関係、といえば、アリストテレスは、「友愛（フィリア）」の問題に、『ニコマコス倫理学』全十巻のうちの二巻分ものスペースを割り当てて論じている。彼にとって「友愛」はきわめて重要な概念だった。彼は、人間は本性的に、「社会的存在（ポリーティコン）」「ポリス的動物」であると述べている[22]。そして、人間同士を結びつけるのは、「友愛」である。それは社会的な人間関係に関わるものである。

同書第八巻の冒頭で、彼は「友愛はわれわれの人生に最も必要なものである」としている。その理由として、愛する友人なしにはその他の全ての善いものを所有していても誰も生きることを選ばないこと、親子の愛は生まれつき自然に備わっていること、が挙げられている。さらに、友愛が国家共同体を結びつけていることも述べられる。家族、友人、恋人、社会、国家、それらが友愛で結ばれているのである。

協調は友愛に似ており、立法家は内乱をしりぞけて協調を強く目指しているので、彼らは正義よりも友愛をいっそう重要視している。また、親友同士は正義をことさら必要としないけれども、正義の人であっても友愛は必要である。したがって、「最大の正義は友愛に満ちたものである」とも述べられている。「友愛」は、相手の善を願うとともに相手からも願われている、という「好意」の「応報」の関係、すなわちお互いに気づかれている「相互的な愛」である。そして、愛されるものは、「善いもの」か「快いもの」か「有用なもの」かのいずれかである。

> 有用性のゆえに互いに愛し合っている人たちは、相手を、相手の人そのものとして愛しているのではなくて、相手から自分自身に何か善いものが生じるかぎりにおいて愛しているのである。快楽のゆえに愛する人たちも同様である。（中略）それゆえ、これら二種類の友愛は、付帯的なものにすぎない。（中略）しかしながら、完全な友愛とは、徳に基づいて互いに似ている善き人々どうしの友愛である。[23]

アリストテレスは、様々な国制にも、家族の友愛との類比を見る。たとえば、王制は父親による子どもの支配、貴族制は夫婦の共同関係、寡頭制は亭主関白、財産制は兄弟の共同関係、民主制は主人がいないために平等な家庭、というふうに。そしてそれぞれに適した「正しさ」を挙げる。

また、愛することや相手によくすることやその他の点で、対等なもの同士の友愛は等しくなければならず、対等でないもの同士の友愛は、その優越性に比例したものでなければならない。そこに金銭や名誉の配分の「比例関係」の問題も生じてくる。

ともかく、アリストテレスにとっては、友愛は「正義」そして「幸福」につながるものでもあった。

したがって、もし至福な人にとっては自分の存在することが、自然本性的に善きものであり、快いものであるがゆえに、それ自体で望ましく、他方、友の存在も自分の場合と近い仕方でそうであるならば、その場合、友もまた、望ましいものの一つということになるであろう。そして、至福な人にとって望ましいところのもの、それはぜひとも彼にそなわっていなければならず、さもなければ、この点で彼は不足することになるだろう。それゆえ、幸福になろうとする人は、立派な友を必要とする、と言わなくてはならない[24]。

分配的正義・匡正《きょうせい》的正義

正義とは、「正しいこと」を行ない、かつ望む「状態」である。それは以下のように分析される。「正しいこと」とは、（1）「合法的なこと（ト・ノミモン）」および（2）「公正なこと（ト・イソン）」の二つを意味する[25]。

このような意味での正義とは「完全な徳（テレイアー・アレテー）」にほかならない。しかし無条件にそうなのではなくて、「他者との関係における（プロス・ヘテロン）」完全な徳なのである。（中略）他者との関係においてであるがゆえに、もろもろの徳のなかでも正義だけが「他者の善（アロトリオ

> ン・アガトン)」であると考えられる。というのも、正義は支配者にとってであれ、共同体の成員にとってであれ、ともかく他者にとって利益になる事柄を行なうものだからである。(中略)同じものが他者と関係するかぎりにおいては正義であり、そのような条件なしに、それがある特定の「状態」であるかぎりにおいては徳である、ということなのである。[26]

> 全体的な正義のうち、「公正なこと」に関わる部分的な正義は、さらに二つに分けられる。

> 部分的な正義およびそれに対応した「正しいこと」のうち、その一つの種類は、名誉や財貨、その他およそ国制を共有する人々に分け与えられうるかぎりのものに関する「配分(ディアノメー)」に見出され(中略)もう一つの種類は、さまざまな取引における「是正的なもの(ディオルトーティコン)」である。[27]

一つめは「分配的(配分的)正義」すなわち「名誉や罰や財産を各人の有する価値に応じて比例的分配する正義」(人の二倍働いたら二倍の給与を)である。

二つめは「匡正的(矯正的)正義」すなわち自己にふさわしいものを奪われたとき、あるいは自己にふさわしくないものを持っている時に適用される、「不均等を矯正する調整の正義」(盗難にあったら補償を、物を壊したら弁償を)であり、事物の交換においても、交換される事物の価値が相互に算術的に等しいことを要求する正義である。

公正さをめぐるアリストテレスのこの考え方は、彼の『政治学』での公職の分配などでも用いられ、また「ローマ法大全」を経て、分配の価値基準などの様々な検討を受けながらも、現在にまで受け継がれている。

最高善＝幸福

彼は人間の活動の最終目標について考察した。たとえば、授業に出席する目的は単位を取るため、単位を取る目的は卒業するため、卒業する目的は就職するため、就職する目的は生活費を得るため……と辿っていった時、最終的な到達点は、「幸福になるため」であり、それ以上の目的は存在しない。この究極目的である「幸福（エウダイモニア）」こそが一番善いもの、すなわち「最高善」である。

> 明らかに多くの目的があり、われわれはそれらのうちのあるものを、たとえば富や笛や一般に道具などを、他のもののゆえに選ぶのだから、すべての目的が究極的であるわけではない、というのは明白である。しかし最も善きものは、明らかに、究極的なものである。（中略）幸福とはとりわけそのような性格のものだと考えられる。なぜなら、われわれは幸福をつねにそれ自体のゆえに選び、けっして他のもののゆえに選びはしないけれども、名誉や快楽、知性、またあらゆる徳の方は、それらをわれわれはそれら自体のゆえに選びながらも（中略）、しかし実際にはわれわれはそれらを通じて幸福になれるだろうと考えて、幸福のためにこそそれらを選ぶからである。[28]

では幸福とは何なのか。彼はそれを「よく生きること及びよく行為すること」とすることもあれば、それ自体望ましいものである名誉・理性・快楽・美徳のどれかであると推論することもあり、「人間の機能である徳の活動」、その中でも特に「観想の生活」を幸福であるという時もある。

しかし、「観想（テオリア）の生活」は、純粋に理性的な認識活動であり、霞を食べて瞑想に生きる仙人のように、他者を必要としない、どこか神的なものとされる。したがって、その理想を目指しつつも、われわれ人間にとって現実的なのは、「徳に基づく魂の理性的な活動」であろう。「徳のある人」とは、人間の機能を十分に発揮して生活していく「幸福な人」である。アリストテレスは、人生が成熟し完成されて、終極的な徳に従った活動をしている人を「幸福な人」と呼んでいる（なお彼は、諸々の外的善、つまり経済状態や健康状態などに充分に支えられることも最高善＝幸福に必要な条件としている）。

アリストテレスの倫理学とは何だったのか

倫理学を「善き人の育成」という論点で振り返ってみよう。プラトンとアリストテレスは、ともに二段階の教育を考えていたと思われる。

プラトンの場合、第一段階は「習慣づけ」（社会全体による躾《しつけ》や音楽・体育・文芸による教育）であり、第二段階はイデアに関わる「ディアレクティケー」（全ての学問の前提を問う対話・問答法）であった。

アリストテレスの第一段階は、プラトンとほぼ同様の「習慣づけ」と言える。そして、第一段階で「正しいこととはどんなことか」という個別の「こと」・「事実」をわきまえた者だけが、第二段階であるアリストテレスの倫理学の講義、すなわち、「正しいことはなぜ正しいのか」という「わけ」・「理由」の知にあずかることができるとされていた。

しかし、この第二段階目の「理由」の知は達成されたのだろうか。結局、アリストテレスは、「中庸」や「分配的正義・匡正的正義」などの個別の行為の知としてそれを達成したのだろうか。それとも、第二段階は「実践的思考の方向づけ」「状況が求めている行為を感じ取る感受性（知覚能力）」といった形で語られる、普遍法則化されない「思慮（フロネーシス）」という知として提示されたのだろうか。あるいは結局はプラトンの第一段階の教育の範囲から出ていないのだろうか。議論の分かれるところである。

第5章　古代ローマとキリスト教世界

古代ローマ

ローマは、紀元前七五三年に、ロムルス（Romlus）がティベル河畔《かはん》につくった都市国家である。当初は王政だったが、前五〇九年頃にエトルリア人の王をラテン人が追放して共和政になった。とはいうものの、大土地所有者の貴族だけが完全な市民権を持って支配階級となり、実質は貴族政であった。平民の身分闘争によって、前二八七年のホルテンシウス法で彼らも同等の権利を得るようになったが、最高主権はあくまでも貴族からなる元老院だった。

前二七二年には百以上の都市からなるイタリア半島が統一された。その後、カルタゴをポエニ戦争（BC264 - BC146）で滅ぼし、シリアやエジプトを破って東地中海を制圧し世界帝国となった。

増大した土地は、地主や貴族によって独占され、捕虜奴隷を使った大土地経営が始まった。おかげで自由小農民は没落して、多くは無産市民となった。平民の政治力は失われ、元老院が支配者となった。無産市民を救済しようとした護民官のグラックスやガイウスに死がもたらされ、元老院と平民派は対立した。新興の騎士階級も加わって政争が続き、ローマは「内乱の一世紀」（BC133 - BC27）を迎えた。

前六〇年から元老院に対抗する形で、騎士階級のポンペイウス、平民派のカエサル（シーザー）、富豪のクラッススの第一回三頭政治が行なわれた。クラッススが遠征先で死亡した後、ポンペイウスは元老院と結んでカエサルを倒そうとして返り討ちにあった。前四六年、カエサルは事実上の独裁君主になったが、共和政の擁護者ブルートゥスに暗殺された。

第二回三頭政治の内紛を経て、カエサルの養子オクタヴィアヌスが共和政の形式を尊重した独裁君主政（プリンキパトゥス）を始めた。彼は公正な税を属州の福祉に使うなど平和政策をすすめ、拡張主義をやめて国境の維持に回った。地中海世界にはローマの平和（Pax Romana）が訪れ繁栄した。その後、ネロのような暴君も出たが、ハドリアヌスなどの五賢帝といわれる皇帝たちは平和な統治を維持していった。

しかし、ディオクレティアヌス帝の時に、皇帝崇拝を強いる専制君主政（ドミナトゥス）に変わり、キリスト教徒の大迫害も起きた。続くコンスタンティヌス帝が三一三年のミラノ勅令でキリスト教を公認し、テオドシウス帝は三九二年に国教として帝国の精神的な統一を図った。しかしゲルマン民族の移住が起こり、帝の死後、三九五年にローマ帝国は東西に二分した。その後、ローマを首都とした西ローマ帝国はゲルマン民族の侵入のため四七六年に滅亡した。コンスタンティノープルを首都とした東ローマ（ビザンツ）帝国はオスマン帝国によって一四五三年に滅ぼされた。

キケロ（*Marcus Tullius Cicero, BC106 - BC43*）

キケロの生涯

古代ローマを代表する著作家は、『ガリア戦記』のカエサルと、今から述べるキケロであろう。キケロはローマから百キロほど離れたアルビーヌムで、貴族ではなく平民派の富裕市民の騎士の家に生まれた。時は「内乱の一世紀」であり、彼が活躍したのは共和政の末期、カエサルが事実上の独裁君主となった頃だった。キケロは弁護士として活躍し、ギリシア思想をラテン世界に紹介もした。前六三年、権力を握ろうとしたカティリナが武力クーデターを起こし、平民派の力で執政官選挙に立候補した。キケロは対立候補として巧みな弁舌でこれを破り、執政官になった。カティリナはキケロ暗殺を企て失敗し、キケロは元老院で告発演説を行なった。この一件でキケロの名声は高まった。

彼は共和政の安定のため、貴族階級と騎士階級が手を組んで急進的な平民派の暴走を抑える「秩序のための同盟」を実現させ、危機を救ったとして「祖国の父」と称えられた。その後、第一回三頭政治を成功に導いた。

カエサルがガリア遠征で不在になった際に、権力を握った護民官クロディウスが、共和政擁護のキケロとカトーを排除すべくキケロ追放法案を通した。キケロはギリシアに亡命するも、翌年クロディウスが失脚したためローマに戻った。

三頭政治の一角であるクラッススの死後、カエサルと対立したポンペイウスをキケロは支持したが敗れ、彼は政界を引退した。カエサルがローマの実権を握ると、キケロは今度はカエサルに協力したため、節操の無さを批判されることとなった。前四四年に、カエサルが共和主義者ブルートゥスらによって暗殺されると、カエサルの部将アントニウスは、キケロとブルートゥスのつながりを疑った。キケロは元老院でアントニウスを激しく罵倒した。カエサルの養子オクタヴィアヌスもキケロを擁護し、内戦状態になった。和平のためにオクタヴィアヌスはアントニウスと提携し、レピドゥスを加えて第二回三頭政治が始まったが、アントニウスがキケロ暗殺を企て、キケロは六十四歳で死に追い込まれた。

自然本性＝共生して社会を作ること

キケロは、ギリシア思想の流れを受け継いで、人間の自然本性（natura = physis）を「共生して社会を作ること」だと考えた。これは人類共通の性質である。そしてそこから導かれるのは、「正義とは社会の維持であり、悪とは社会の破壊である」という思想である。彼は以下のように述べている。

> 他人から物を奪い取り、他人の不利益によって自分の利益を増やすことは自然に反する。（中略）人間の共生と社会とを破壊するからである。（中略）実際、われわれが各自の利得のために他人に対して略奪や権利の侵害を働くような性癖になってしまったら、人類の本性にもっとも即している社会が分裂することは必然である。（中略）実に自然、つまり、万民の法のみならず、市民国家個々の国政

の基盤をなす各国民の法律もまた同様に定め置いていることがある。それは、自身の利益のために他人に害を加えることは許されないということである。実際、法律が目的として望むのは、まさに市民の団結が無事に保たれることである。これを引き裂く者たちを法律は死、追放、収監、科料をもって取り締まる。しかし、それにもましてこのことをよりよく実現させるのは他ならぬ自然の摂理である[1]。

旧約宗教とユダヤ教

古代イスラエル人（ヘブライ人・ユダヤ人）の信仰を象徴する『旧約聖書』（「旧約」という呼び名は後のキリスト教徒が、「古い契約」という意味で用いたもので、イスラエル人にとっては単に「聖書（タナク、ミクラー）」である。なお、その中には何十もの書物が含まれている）では、ただ一人の神（ヤハウェ Jahweh）のみが出てくる。「ヤハウェ」というのは「神」という意味のヘブライ語である。

イスラエル人は紀元前一五〇〇年頃パレスチナに定住した。一部はエジプトに移住したのだが、圧政に苦しみ、前十三世紀に指導者モーセ（Moses）に率いられてパレスチナに脱出した。海の水を割って仲間を追っ手から逃がしたりと、いろいろな逸話が残されている。シナイ山でモーセは神の啓示を受け、「十戒」（十のいましめ）を授けられた。『旧約聖書』の特徴は、「契約」と「律法」である。イスラエル人は神を唯一のものとして信仰し戒めを守る義務を負い、神はイスラエル人を守り祝福する責任を負うのである。

前一〇〇〇年頃にイスラエル人はダヴィデ王やその子のソロモン王の下で繁栄した。しかし、その後分裂し、北のイスラエル王国はアッシリアに滅ぼされた。南のユダ王国も新バビロニアに征服され、前五九七～五八一年に多くの住民が首都バビロンに捕囚された。イスラエル民族は信仰の基盤となる祖国を失ったため宗教と政治が分離し、彼らの「旧約宗教」は形式重視の儀式宗教になってしまった。この頃から、律法を重視する「ユダヤ教」となっていく。

イエス（Jesus,［英］Jesus, BC4？–AD 30）

キリスト教の誕生

ナザレの大工ヨゼフの妻のマリアの子としてベツレヘムの馬小屋で生まれたイエスは、自らを「神の子」とし、神と人間の仲介者であると宣言した。

彼はユダヤ教の、律法を形式的に一字一句守ればよいとする立場を非難した。たとえば、週の七日目の安息日には労働を休んで礼拝に集まるという十戒に基づく律法がある。それに従って、医療などの命に関わる大切な仕事であっても安息日に行なうことを禁じている。このような状況を彼は、「安息日は人のためにあるもので、人が安息日のためにあるのではない」（マルコ伝第二章）と批判した。

彼は、律法を心の内面の純粋な信仰として主張した。「神と人間」を「父と子」という関係で考え、全能の神が「恩寵（神の無償の恵み）」によって弱い人間の罪を赦《ゆる》すという教えを説いた。これは、「律法」や「契約」によるのではなく、「愛（アガペー）」による関係である。その愛は、神の愛であり、また、隣人への愛である。この愛は民族に特定された愛ではなく、貧富の区別なく世界中の誰にでも平等に注がれる普遍的で無限で無償の愛である。こうしてキリスト教は民族宗教ではなく「世界宗教」となり、特に一世紀半ばのパウロの伝道旅行によって信者を広げていった。

古代の愛の分類

ここで、古代世界の愛を大まかにまとめると、以下のようになる。

エロス＝性愛・恋愛。ギブ・アンド・テイク的。ただし、人類の存続のためには不可欠。プラトンによってイデアへの憧れとしてのエロスは哲学にまで高められた。プラトニック・ラブとは、不完全な状況に満足せずに完全なものや真理や美の本質を求める愛である。

フィリア＝友愛。仲間を大切にする絆のようなもの。『ワンピース』の主人公ルフィが最も大切にしている。アリストテレスの『ニコマコス倫理学』で倫理の基盤に置かれている。それは快楽や利益による結びつきではなく、人間性の善さによって結ばれた友情である。

アガペー＝無償の愛。奉仕の愛。キリスト教の愛。親が子を見返りも求めずに無条件に愛するように、神も人を無条件に愛する。この愛で隣人を、そして全ての人を愛することで素晴らしい世界が訪れる。

ストルゲー＝親子や兄弟姉妹間の家族愛。自然的な、本能的な愛情。フィリアやアガペーに含まれることもある。

キリスト教の発展

さて、『旧約聖書』は、一部を除いて、ほぼヘブライ語で書かれている。そしてイエスも弟子を導くのに『旧約聖書』をよく引用した。イエスの死後、イエスやその弟子たちの言葉や行動を表わした多数の文書がまとめられ、四世紀頃に『新約聖書』となった。なお、『新約聖書』はギリシア語によって書かれている。

当時のローマは多神教で皇帝も神の一人に数えられていた。皇帝礼拝を拒み唯一絶対の神を信じるキリスト教徒は厳しい迫害を受けていた。しかし次第にローマ帝国全体に拡大し統制ができなくなったため、三一三年にミラノの勅令によって公認され、三九二年にはローマ国教となって逆に他の宗教を厳禁するに至った。国家権力と結びついたため、教会制度や聖職者身分が整備されていった。

教父たち

西洋文明は、次の二つが大きな源泉となっている。

ヘレニズム：理性に基づく古代ギリシア思想。ギリシア人は自分の国をヘラス（Hellas）と呼ぶためこのように呼ばれる。

ヘブライズム：キリスト教の信仰。その土台となる『旧約聖書』がヘブライ語で書かれていたためこう呼ばれる。

この二つの柱がヨーロッパ人の思想、学問、芸術その他いろんな分野での活動の源になっている。そしてこれらを融合させた人々が、教会の父、すなわち教父と呼ばれる人たちであった。

キリスト教がローマ国教となり、普遍的で正統的な（＝カトリックな）信仰となって西洋思想の中で大きな位置を占めるようになると、他の宗教やギリシア・ローマの思想に対して、自らの正当性を立証しないといけなくなった。教父たちはそうした思想、特にプラトン哲学をキリスト教の中に取り入れる努力を始めた。その中でも最大の思想家がアウグスティヌスであった。

アウグスティヌス（*Aurelius Augustinus, 354 - 430*）

アウグスティヌスの生涯

ローマ帝国の属州だった北アフリカのヌミディアの山間の田舎町タガステ（現アルジェリアのスーク・アフラース）に、気立てのよい異教徒の父と敬虔なカトリック教徒の母の間に生まれた。若くして出世の近道であった修辞学を学んだ。父の死後、十六歳で大都市カルタゴに遊学し、十八歳で或る女性と同棲生活にはいった。この頃の自分を彼は『告白（*Confessiones*）』で、欲望と快楽に振り回された時期であった、と振り返っている。演劇やスポーツや馬鹿騒ぎに明け暮れ、同棲相手との間に子どももできたが、他の女性と結婚するために別れている。

十九歳でキケロの『ホルテンシウス』を読んで哲学に関心を抱いた。知恵への欲求から彼はマニ教に入信する。この宗教は光と闇、善と悪、精神と物質といった徹底した二元論で世界を対立的に語っていた。キリストの御名のないところにいかなる満足も見出し得なかった彼は、マニ教が取り入れていたキリスト教の側面に惹かれた可能性もある。二十九歳の時には、マニ教の司教ファウストスと話し、失望した。真理の発見の可能性に絶望し、「真理は認識できない」と主張するアカデメイア派の懐疑論にとらわれた。

三十歳で修辞学教授としてミラノへ行き、キリスト教の司教アンブロシウスに会う。それまでアウグスティヌスは聖書を文字通りに受け取っており、聖書の文体の素朴さに失望してもいた。しかしアンブロシウスはパウロの「文字は殺し、霊は生かす」という言葉を好んで口にし、東方教父の、聖書の比喩的な解釈を伝授した。アウグスティヌスは聖書の深い意味を理解し、『旧約聖書』と『新約聖書』の内的連関が、そして真のキリスト教がわかるようになった。

また、新プラトン派のプロティノスの書によって、物体ではないものの存在に目を開かれ、心を内に向けて心を超えたところに神に出会う道に気づかされた。

その時期に「取って読め」という言葉がどこからか彼に聞こえてくる。そこでそばにあった聖書をたまたま開き、その言葉に心を打たれた。彼は三十三歳でキリスト教に回心した。その後、修辞学の教職を辞し、弟子や友人たちと修道生活を送った。ヒッポの司祭となり、職務のかたわら論争や執筆も行なった。三十七歳の時、キリスト教がローマ国教となった。修道生活を志していたアウグスティヌスはのちに司教に叙階され、公務や、マニ教や諸派との論争などで多忙なかたわら、時間論や言語論など多方面にわたって多数の著作を残した。

存在と真理と善

彼の心を占めていたのは存在と真理の問題だった。アカデメイア派の懐疑論に対して、「確かに認識できる真理」があることを「存在」という点から反駁した。つまり、私自身が何者かわからないにしても、私が考えている、疑っている、生きているという「事実の存在」は疑うことができない「確実な真理」である。神を求める自己そのものは確実に存在している。

これは後のデカルトのコギト・エルゴ・スムと比較されるが、デカルトの場合、存在は思惟する（疑っている）私の精神であるが、アウグスティヌスの場合は、「在りて在る神」という存在の光に照らされて、私の思惟という存在が見出される。

また、善と悪の問題も彼の心を捉え続けた。マニ教の善悪の二元論は、「悪の実体が、善い魂を持つ人間の肉体を通じて、悪を行なわせる」という。これに対してアウグスティヌスは善による一元論を展開する。万物は神によって造られたのであるから、存在するものは全て善いものであり、悪というのは「実在する善なるものの不完全性」であり、神に背く意志によって現われているにすぎないのである。

真実の愛とは

アウグスティヌスは、人間の存在のあり方を「愛」において考察した。われわれの生活は愛によって導かれている。具体的には、われわれの日常は、家族への愛、友人への愛、恋人への愛、仕事への愛、趣味への愛、物への愛、お金への愛などで動機づけられている。アウグスティヌスはそうした愛と呼ばれるものに、偽りの愛と真実の愛があるという。

偽りの愛とは、「欲望」のことである。相手に向かって「愛している」と言っても、実はその人のお金が目当てかもしれないし、体が目当てかもしれない。その場合は、それは愛ではなく、欲望にすぎない。坂本龍馬も殿様に大金を要求した時に「ただ物を買うために使うだけなら死に金だが、世の中のために価値ある物に使うなら生き金だ」という意味のことを言ったとされるが、同じお金への欲求でも、その向こうに何を目指しているかで変わってくるようだ。アウグスティヌスは次のように述べている。

> 愛とは何であるかが、何よりも観て取られねばならない。なぜなら、真なる愛であるものこそ愛と呼ばれるべきであって、そうでないものは欲望だからである。また、愛している人が欲望していると誤って語られることがあるように、欲望を抱いている人が誤って愛すると語られることがあるからである[2]。

では、「真実の愛」とはどのようなものであろうか。

> 真の愛とはこのこと、即ち、真理に向けて心をしっかりと結びつけてわれわれが正しく生きることである。そしてそれゆえに、人々への愛——この愛によってわれわれは人々が正しく生きることを望む——のために、全ての可死的なものをわれわれは軽視しよう。実に、そのようにして、兄弟の益のために死ぬことに対してさえわれわれは備えあるものとなりうるであろう。このことを主イエス・キリストは、御自身を規範としてわれわれに教えになられた[3]。

> 人を愛する者は、彼らが正しい人であるゆえにか、あるいは正しい人であるようにと愛するべきである。実際またそのように、自分自身を愛する場合も正しくあるゆえにか、正しくあらんがために愛するべきである。実にそのような仕方で、人は如何なる危険もなしに隣人を自分自身のように愛する[4]。

「真実の愛」とは、相手も自分も「正しくあるように」と願いながら生きていく営みであると言えるだろう。

プラトンと同じように、アウグスティヌスも、われわれは「価値的なもの」との関わりによって生きているのであり、また、そのような仕方以外の生はありえないと思っていた。そしてアウグスティヌスにとっての「真理」も、「我々の生を基礎づける根源的な価値概念[5]」としてあった。岡部由紀子は次のように述べている。

一貫してアウグスティヌスが関わってきた哲学的な問題とは、真、善という「価値」を我々の生のあり方の中でどのように位置づけることが本来のあり方であるかについての根本的な枠組みの見直しであったと考えられる。[6]

しかしその「価値的なもの」は自己自身の光によってではなく、あの至高なる神の光の分有によって認識される。以下の『三位一体論』の言葉はそれを語っている。

> かくして、不敬虔な者でさえ永遠性を思い、人間の行状において多くのことを正しく非難し、また正しく賞賛するのである。たとい、彼ら自身は同じように善く生きていなくとも、いかに生きるべきかを知る規範においてでなければ、一体、いかなる規範で評価するのであろうか。彼らは何処でこのような規範を見るのであろうか。それは彼らの本性にはない（Neque enim in sua natura）。この規範は疑いなく精神によって見られるが、しかも彼らの精神は可変的であることは明らかである。……また、この規範は彼らの精神の状態（習性・習慣）において存在するのではない（nec in habitu suae mentis）。なぜなら、この規範は義の規範であるが、彼らの精神は明らかに義ではないから。……ところが、義を為さないのに、しかも何を為すべきか、を見る人はあの光から背離しているが、その光に触れられている人である。[7]

中世のキリスト教世界

キリスト教はヨーロッパの隅々に行き渡っていった。六世紀に、清貧・純潔・服従の戒律のもと「祈り、働け」の生活を送るベネディクト修道会がイタリアに開かれ、労働の価値を高めながら各地に広がっていった。十一世紀にはそこからシトー修道会が派生してフランスに開かれ、開墾や農業の改良を行なった。中世の封建社会が西ヨーロッパの基本体制になった際、貧弱な王権に対して、教皇を頂点とする階層制組織を有するローマ＝カトリック教会は大荘園領主となり、また農民から十分の一税を取り立てるなどして、経済的にも政治的にも文化的にも、そして思想的にも西ヨーロッパ世界に大きな権威を振るうことになった。

当時のカトリック教会の学問方法を「スコラ学」と呼ぶ。「スコラ」とは英語の「school 学校」と同源語である。修道院では権威のある古典を辿るのに対して、スコラ学は命題の肯定と否定それぞれの理由を統合していく論理的な学問方法であった。十三世紀には清貧をモットーとするフランチェスコ修道会やドミニコ修道会がイタリアにひらかれ、スコラ学的な研究者を多く輩出している。

この頃、カトリックの教義を脅かすかに見える出来事が起こった。十字軍の遠征や東方貿易の発展によって、イスラム世界の価値観が西欧に流れ込んできたのである。当時、イスラム世界で大きな位置を占めていたのが、ギリシアからアラビアに移植され、アヴィセンナ（イブン・スィーナー）やアヴェロエス（イブン・ルシュド）の註釈を付されたアリストテレスの哲学であった。すでにアリストテレスの項で述べたとおり、彼の哲学には自然科学、論理学、形而上学、倫理学、政治学、文学論などが含まれている。イエスの生誕のはるか以前に、キリスト教の信仰の助けをまったく受けることなく完成された異質の世界観が存在することは、カトリック世界にとって衝撃的であり、アウグスティヌスなどの教父から受け継いできた価値観は問い直しを迫られたのである。

アリストテレスの哲学の流入に対して、キリスト教の思想家ボナヴェントゥラ（Bonaventura, 1221－1274）はアウグスティヌスの伝統に合うものだけを採用するという方法をとった。ブラバンのシゲルス（Siger of Brabant, 1240？－1281？）はアリストテレスの哲学に無批判に従う道を選んだ。そして、アリストテレスの哲学を徹底的に研究しキリスト教との新しい統合を目指した人たちもいた。トマス・アクィナスもその一人であった。

トマス・アクィナスの生涯

トマスはローマとナポリの間のアクィノのそばのロッカセッカ城で、騎士の末子として生まれた。五歳の時に修道院に送られた。宗教的な動機もあったであろうが、修道院長になると莫大な資産が得られるという家族の期待も当初はあったかもしれない。十代半ば頃、イスラム世界との文化交流の場であったナポリ大学に移り、アリストテレスの哲学とドミニコ修道会に出会った。十八歳の時、家族の強烈な反対を押し切ってドミニコ修道会に入信した。才能を買われてパリやケルンに派遣され、ドミニコ会の学者でアリストテレス研究に明るいマグヌス（Albertus Magnus, 1193？－1280）の教えを受けた。紆余曲折の中でパリ大学の神学部教授を勤め、ナポリにドミニコ会の神学校建設におもむくが、そこからリヨンの公会議への旅の途上で亡くなった。『神学大全』は彼の主著である。

トマスの様子であるが、とても太っていて大柄で、色黒で頭は毛髪が乏しかったらしいが、動作の端々に育ちのよさが漂い、理論も明晰で、論争相手もその親しみやすい人柄に惚れ込むほどだったと伝わっている。以下、稲垣良典（1928－）の分析に基づいて、トマスの思想を見ていこう。

信仰と理性――神学と哲学[8]

信仰（fides）と理性（ratio）の統合の問題は、神学と哲学の統合の問題でもあった。この問題をめぐる中世の規範はアウグスティヌスであった。アウグスティヌスは、理性的な探求は信仰から出発して、神の直観すなわち真理を目標とすると考えていた。つまり、神的な真理をまず信じ、その信仰によって照らされ強化された（神の恵みによる）理性によってその真理を理解しようと努力するのである。その究極の到達点が、神の直観（神との合一）である。

アウグスティヌスの「理性を信仰に吸収する立場」に対し、トマスは理性に固有な領域を与えた。理性がその能力によって、事物をそれ自体において（per se）その固有の本性に従って探求する営みが「哲学」である。他方、全てを神に関係づけ、神の視点から（sub ratione Dei）眺めるのが「信仰」なのである。

　では、哲学と信仰は分離したものなのだろうか。そうではない。われわれは理性を過信しすぎて、「全てを知性で解明できる」とか「われわれの理性が真実だと思っているものが実際に真実なのだ」と思いあがることがある。しかしそれでは探究が止まってしまう。思いあがりからわれわれを解放し、謙虚に探究に向かうためには、われわれの理解をまったく超える、「信仰の対象」が必要だったのだ。こうして、理性は自らを超越できるのである。そして、問いを重ねて第一原因（神）の認識に到達するまで問い続けることは、人間の自然本性的な欲求であるとトマスは考える。

　しかし、感覚的な認識をするわれわれにとって、第一原因（神）の認識は不可能である。では、われわれの欲求はどうやって満たされるのか。トマスは、神の恵み・恩寵（gratia）によってそれが可能となると述べる。理性の「自己超越性」によって信仰（恩寵）と理性は結びつくのである。それは信仰と理性の「共存」ではなく、理性（水）が恩寵（ワイン）に高められ「同化」したことを意味する。自然本性である理性は恩寵によって完成されるのである。

存在とは

　トマスは存在の認識を三段階で捉えている。
　第一：感覚や想像力で知覚される表面的要素・質料／素材（materia）・付帯性・事実性

第二：知性で捉える事物の本質・形相（forma）

第三：本質や形相によって限定されているところの究極の存在。本質はその存在の様相の一つになる。

第三段階は、知性の「超越的な運動」によって開ける地平である。そしてそこで捉えられる「存在（esse）」とは、「存在するもの（ens）」がそれによって存在し認識される根拠である。ではまず、「存在するもの」はどのように認識されるのだろうか。トマスは「存在するもの」がまとっている質料などの特殊な条件から「分離」して判断することを挙げる。この「分離」を行なう能力は、「習慣（habitus）」であり知的な徳（virtus intellectualis）であり知恵（sapientia）である。

この能力・徳はどうやったら身につくのか。それは、先に述べた事物の第一原因を探究する中で得られる。第一原因たる神は、一切の質料的なものを含まない。したがって、それを「存在そのもの」と呼ぶ場合、「存在」が純粋な完全性としてとらえられていることになる。探究の中で新しい「存在」の捉え方を可能にする能力・徳が獲得されるのである。

トマスによると全ての存在するものは「本質によって存在するもの」か「分有によって存在するもの」である。「本質によって存在するもの」（神）はいかなる限定も含まないので唯一である。その他の存在するものは「分有によって存在するもの」であり、分有の仕方・様相がそのものの本質となる。

第一の原因にして創造主たる「存在そのもの」は、他の「存在するもの」に対して超越的でありながらそれらに内在もしている。超越的であるのは、前者が何の限定もなく無限であるのに、後者は有限だからである。また内在しているというのは、因果性の観点から、前者の第一の原因が全ての後者に働きかけ、全ての後者の最も内奥に見出されるからである。

　こうして、無限なものを受容することのできる精神であるわれわれ人間は、「存在」という最高の完全性への自然本性的な傾向性を、つまり「存在」へ向かっての「自己超越」の欲求を持っている存在であることが、トマスによって明らかにされた。トマスの述べる「至福（beatitude）」とは、知的な実体である人間だけが神を認識し愛することができ、その意味で究極目的に達することができるということであった。そこに完全な幸福＝「至福」がある。この点について、稲垣の以下の記述を参照されたい。

> もし人間知性がある創造された結果の本質を認識して、神についてはただかれが存在するということだけしか認識していないならば、その完全性はまだ端的に第一原因に到達しているとはいえず、原因を探求したいとの自然本性的な願望が残っているであろう。だから、かれはまだ完全に幸福ではない。したがって、完全な幸福のためには、知性が第一原因の本質そのものに到達することが要求される。そのときに、知性は対象にたいするような仕方で神――そのうちにのみ人間の至福が存する――と合一することによって自らの完全性を手にすることになるであろう（『神学大全』第二－一部、第三問題第八項）[9]。

　そして、「至福」と「愛」の関係についても、稲垣は以下のように述べている。

> じっさいにトマスがここで試みているのは、人間をかれの自然本性、つまり知的生命において捉えた

上で（この議論で「人間」と「知性」が等置されているのはそのことを示している）、この生命が究極的に完成されるのは、生命そのものである神との合一によってのみであることを示すことにほかならない。この世にあってわれわれが経験しうる最高の生命の充実感が、愛するものとの出会いであるように、人間の知的生命そのものの究極的な完成は、知性がその本来の対象と出会う――神の本質を直視する――ときに到達される、というのである。しかも、この出会いは人間の知性が愛によって探求へと燃え立たせられ、おし動かされるのでなければけっして実現されないことをトマスは強調する。「より多くの愛《カリタス》を有する者はより完全に神を見るであろう、そしてより至福な者となるであろう」（『神学大全』第一部第十二問題第六項）と語ったのもトマスであった[10]。

第6章　絶対的真理としての科学

科学革命

近代ヨーロッパでは、ルネサンスと宗教改革を経て、既存の権威ではなく自らの観察と思考による自然把握を行なう流れが生まれてきた。近代科学の萌芽である。

キリスト教世界のアリストテレス的宇宙観では、地球の周囲を他の天体が回っているという「天動説」が支持されていた。これに対して、ポーランドの天文学者コペルニクス（Nicolaus Copernicus, 1473 - 1543）は、太陽の周りを地球などの惑星が回っているという「地動説」を提示した。これは「コペルニクス的転回」とも言われている。このあたりからアリストテレス的宇宙観の崩壊が始まる。ブルーノ（Giordano Bruno, 1548 - 1600）はコペルニクスの説を擁護し、また、宇宙が無限であることを提唱した。

ドイツの天文学者ケプラー（Johannes Kepler, 1571 - 1630）もコペルニクスを全面的に支持し、「惑星の軌道は楕円である」とする「ケプラーの法則」を発表した。自然を数学的なモデルで考えるという彼の方法は、天体望遠鏡でいくつもの発見をしたガリレイ（Galileo Galilei, 1564 - 1642）や、「万有引力」の発見で有名なニュートン（Sir Isaac Newton, 1642 - 1727）に受け継がれた。

　このような科学革命（Scientific Revolution）は、運動の原因を問うことから、運動現象の記述へ、言い換えれば、why から how へと問いを転換していった。そして、世界観の変化を迫り、技術革新を導き、産業革命をもたらすこととなる。以下のベーコンとデカルトも、この時期に現われ、それぞれの流れを形作っていった。

ベーコン（*Francis Bacon, 1561 - 1626*）

ベーコンの生涯

日本で武田勢と上杉勢が川中島で戦っていた頃、ベーコンはロンドンの大法官の家に生まれた。十三歳でケンブリッジ大学で学ぶが、アリストテレスの哲学を「人間の生活に役に立たない」という理由で嫌悪し、自然科学に傾倒していった。

　その後、法律家、政治家と勤め、議会で失敗し不遇な生活を送るが、エリザベス一世の跡を継いだジェームズ一世に重用され、出世の階段をのぼって、最終的に大法官（貴族院議長）に就任した（後述のホッブズは彼の秘書をしていたことがある）。

しかし収賄の罪で失脚し、一線から隠退して近代科学の方法論に取り組んだ。観察と実験に基づく「経験論」を打ち立てたが、鶏に雪を詰め込む冷凍の実験中に病気にかかり、六十五歳で亡くなった。

なお、アイルランド生まれの著名な画家に、同姓同名のフランシス・ベーコンという人がいる。また、ロジャー・ベーコンもイギリスの哲学者である。

経験論

ベーコンによれば、知識は、人類が奉仕する「目的」ではない。むしろ知識こそが、人類に奉仕するための「道具」なのである。人の役に立つ学問とは、自然を利用して、人の暮らしを便利なものにする学問である。彼の思想は「知は力なり」という言葉で有名になっている。

そのためには、自然の事実を、経験や観察によってありのままに捉えなければならない。この考え方を「経験論」と呼ぶ。これに対して、次に紹介するデカルトの考え方は「合理論」（あるいは「理性主義」）と呼ばれている。これは、「確実な知識」は経験的なものや偶然的なものでなく、全て生得的で明証的な原理に基づくという考え方である。

さて、「経験論」のベーコンは『ノヴム・オルガヌム』の第一巻の冒頭で次のように述べている。


自然の下僕であり解明者である人間は、彼が自然の秩序について、実地により、もしくは精神によって観察しただけを、為しかつ知るのであって、それ以上は知らないし為すこともできない(1)。

人間の知識と力はひとつに合一する、原因を知らなくては結果を生ぜしめないから。というのは自然とは、これに従うことによらなくては征服されないからである(2)。

しかしわれわれは、取り除くべき先入観や偏見を抱え込んでいる。それを彼は「イドラ（idola）」（幻影・偶像、アイドルの語源でもある）と名付けて四つに分類している(3)。

1、種族のイドラ（idola tribus）：人間の本性に基づく偏見。感覚器官の錯覚や、全てを擬人的に捉えて、自然にも目的意識があると考えたりすること。
2、洞窟のイドラ（idola specus）：個人の狭い経験や立場にとらわれて、広い視野を失う偏見。
3、市場のイドラ（idola fori）：人々の交流のための言語は、恣意的な装置でもある。それにとらわれてしまうこと。彼は自らの経験的な知識を重視することを強調している。
4、劇場のイドラ（idola theatri）：劇場での役者の芝居を信じ込むように、伝統や学者などの権威を信じ込む偏見。

以上の偏見を取り除くため、彼は綿密な観察と実験による新しい方法で自然の秘密を探ろうと試みた。その一つが「帰納法」である。それは、個別の事実についての系統だった経験を出発点として、それらの事実に共通の法則を発見する方法である。手順としては、仮説を立て、それを検証し、法則を発見するという道をたどる。たとえば、「このカラスは黒い」「あのカラスも黒い」といった個別事例から「カラスは黒い」という仮説を立て、世界中のカラスを可能な限り調査して検証し、「カラスは黒い」という法則を発見していく。帰納法は、全ての事例を完璧に網羅してはいないため、「白いカラス」といった例外が出てくる可能性がある。したがって、「蓋然的」、つまり「完璧に」ではなく、「ある程度」確かであるという性質から逃れられない。そのため科学においても、つねに検証が繰り返されている。

　この方法は、アリストテレス的な伝統を受け継いだスコラ哲学や、デカルトのとった「演繹法」とまったく反対のやり方であった。「演繹法」とは、普遍的な前提・原理から個々の事実を説明する方法である。たとえば、「ソクラテスは必ず死ぬ」という仮説を検証するために、「人間は必ず死ぬ」という普遍的な大前提と「ソクラテスは人間である」という小前提から、「ソクラテスは必ず死ぬ」という結論を導き出すような方法である。演繹法は、すでに判明している一般的な原理から理論を展開するので、確実さは帰納法より高い。だが、一般的な原理自体が間違いであった場合や、使用する他の前提に間違いがあった場合は、誤った結論を導くことになる。また、新たな発見も乏しくなる。

　ベーコンが「演繹法（推論式）」よりも「帰納法」を支持するのは、以下の理由による。

> 推論式〔三段論法〕は諸学の究極原理には適用されないし、中間的公理に適用しても無駄である、というのは、それは自然の精細にははるかに及ばないから。（中略）推論式は命題から、命題は言葉から成り立ち、言葉は概念のしるしである。それゆえにもしも概念（ことの土台であるところのもの）

が混乱しており、軽々しく事物から抽象されたなら、その上に建てられるものには、強固さなど全く存在しない。したがってただ一つの希望は真の「帰納法」のうちにある[4]。

推論によって立てられた一般命題が、新たな成果の発見に役立つことは決してあり得ない。なぜならば自然のもつ精細さは、推論のそれを何倍も越えるものだから。しかし個々的なものから正当に順序立てて抽出された一般命題は、逆に新たな個々的なものを容易に指示し・提示し、したがって諸学を働きあるものにする[5]。

ベーコンは自らの著書を、アリストテレスの著書『オルガノン（学問の道具）』に対抗して『ノヴム・オルガヌム（学問の新しい道具）』と名付けた。

ただし彼は、「経験論」のみを提唱したのではない。次の言葉は、「経験論」と「合理論」、「帰納法」と「演繹法」の結合を目指していたように思われる。

学を扱ってきた人々は、経験派の人か合理派の人かの何れかであった。経験派は蟻の流儀でただ集めては使用する。合理派は蜘蛛のやり方で、自らのうちから出して網を作る。しかるに蜜蜂のやり方は中間で、庭や野の花から材料を吸い集めるが、それを自分の力で変形し消化する。哲学の真の仕事も、これと違っているわけではない。それはすなわち精神の力だけにとか、主としてそれに基づくものでもなく、また自然誌および機械的実験から提供された材料を、そのまま記憶のうちに貯えるのでもなく、変えられ加工されたものを、知性のうちに貯えるのである。それゆえにこれら（すなわち経験的と理性的の）能力の、密で揺ぎない結合（未だ今までに作られていないような）から、明るい希望が持たるべきなのである。[6]

「経験論」はイギリス哲学の伝統でもある。中世のスコラ哲学の時代から、ロジャー・ベーコン（Roger Bacon, 1214 - 1249）やオッカム（William of Ockham, 1285 - 1347）らも、神学を認めつつも経験に基づいて探究すべきであるという「経験論」の主張を行なっている。さらに、全ての観念は、「白紙（タブラ＝ラサ）の心」に「経験」によって記述されるとしたロック（後述）や、「物体は感覚の束にすぎない」として、「知覚する心のみが実在する」という唯心論を唱えたバークリー（George Berkeley, 1685 - 1753）、自我さえも「知覚の束」にすぎないとして心の実在性を否定したヒューム（David Hume, 1711 - 1776）といった哲学者たちにもそれは受け継がれた。

デカルト（*René Descartes, 1596 - 1650*）

デカルトの生涯

中部フランスで生まれた。父は高等法院評定官で、母はデカルトを生んで十三か月後に亡くなり、祖母と乳母に育てられた。十歳でカトリックの学校に入り、数学や哲学や自然学を学んだ。ガリレイが望遠鏡を作って木星の衛星を発見し世間が湧いたのもこの頃である。その後、大学で法学と医学を学んだ。

二十二歳の時、書物ではなく実世界から学ぼうと、オランダの軍隊に志願した。そこで科学者で医者のベークマンに会う。彼は自然を数学的に構成するという近代物理学の先駆け的な研究を行なっており、デカルトは刺激を受け共同研究を行なった。三十年戦争でドイツを転戦したおりに、科学と道徳を統一的に基礎づける研究に打ち込んだ。それからイタリアを経てパリに戻り、亡命中のホッブズ（後述）などと親交を持った。

三十二歳の時、世間から離れて研究に没頭するため、人口も多く秩序も整ったオランダに移住し、国内を転々としながら哲学に専心した。科学的な本を書き上げた矢先に、ガリレイの地動説がローマの宗教裁判で有罪になったため、出版を控えたりした。その後、四十一歳で『方法序説』を、四十五歳で『省察』を、五十三歳で『情念論』を出版した。スウェーデン女王クリスティーナに招かれ講義に行くが、朝の弱いデカルトには早朝の講義が苦痛だったためか、風邪に肺炎を併発して亡くなった。

中世の世界観との決別

デカルト以前の世界観は、中世キリスト教世界のアリストテレス的自然観であった。月よりも上の天上界は神の領域で、完璧で永遠であった。天体は全て完全な球で、完璧な円を描いて天空を動いていた。これに対して、月より下の世界は生成消滅を繰り返す不完全で無常の世界であった。そこでは山も川もいつかは形を変え、木も動物も人間も生まれては死ぬことを繰り返す運命だった。

また、全ての物は目的を持って存在しているという「目的論」が支配していた。たとえば石を投げたら地上に落ちるのは、全ての物体は大地の中心に向かおうとする目的を持っているからであるし、キリンの首が長いのは、高い木の葉を食べよう、立ったまま水を飲めるようにしよう、という目的を持って何世代もの間に伸びたからである（現代の生物学では目的論をとっていないので、いろんなキリンがいた中でたまたま長い首のキリンの種族だけが生き残った結果であるとしている）。

これに対して、デカルトは新しい世界観を提唱した。まず、物体は「延長」を持つ物である。つまり、三次元空間上のどこかの位置を占め、長さ、広さ、深さなどの拡がりを持つ物体なのである。彼は「デカルト座標」、すなわち、x軸とy軸を交差させて方程式や図形を対応させる、今では中学校の数学で習う、例の座標の基となるものを考案した。ここから、物の長さ、幅、深さ、重さ、速さなどを数で表わし計測する普遍数学を構想したのであった。それは、あらゆる知の中に共通に横たわっている関係（関数）の把握であり、あらゆるものを「順序（ordo）と尺度（mensura）」を通じて構成する普遍的な学問である。これはガリレイの「自然は数学の言葉によって書かれている」という主張と呼応している。

そして、「延長」という同一の性質を持つ物質を含む空間も、どこでも均一であり、天上界と月下界の区別も存在しないとした。この背景には、ガリレイが天体望遠鏡で発見した、月下の世界と同様な生成変化する完璧ではない天体の実像があると思われる。たとえば、デコボコした月面や、太陽表面で活動する黒点などの発見などである。全宇宙は均質で無限で物理的な延長空間なのである。こうした世界の捉え方が、近代科学の出発点ともなった。

百パーセント確実なものは存在するのか

きちんとした家を建てるには、しっかりした土台が必要だ。きちんとした学問を打ち立てるためにも、やはりしっかりした土台、つまり確実な真理が必要となってくる。デカルトが求めたものは、百パーセント確実な真理であった。その真理を見つけるための方法として、彼は一切の先入観を捨てて、全てを疑い、少しでも疑わしいものを捨てていくことにした。これを「方法的懐疑」という。

まず、私の手の中にペンが握られているとしよう。このペンは百パーセント確実に存在しているのだろうか。物体の存在は、感覚によって認識される。しかしわれわれの感覚は百パーセント確実ではない。

視覚には錯覚があり得る。蜃気楼や、一本道の遠くに水たまりが見える「逃げ水」は錯覚だし、電光掲示板やテレビや映画も錯覚があることでむしろ楽しめる。聴覚も空耳や耳鳴りがある。触覚も、熱いお風呂に入った時、熱いのか痒いのか痛いのかわからないことがある。私も冬にストーブにかけたヤカンにうっかり触って「熱い」と感じた直後に、ストーブが点いてないのを見て改めて触り直すと、実は冷たかったという経験がある。また、ペンなどの尖ったものを二本まとめて持って手のひらを刺激すると、ちゃんと二本と感じるが、肘のあたりだと一本に感じる、という知覚閾値の実験をしたこともある。味覚や嗅覚は騙されやすく、キュウリにハチミツをつけるとメロンの味がしたり、無果汁のジュースに果汁の香りや味を感じることは日常よく経験している。一般的なかき氷シロップは、着色料と香料が違うだけで、味の成分は同じなのに、イチゴ味とかメロン味とかを感じるようだ。

そうすると、たとえ視覚と触覚と聴覚の三つの感覚を動員して確認したとしても百パーセント確実とは言えないので、感覚によって認識される手の中のペンの存在は確実とは言い切れないことになってしまう。また、私が今ここにいることも、夢かもしれない。夢でないという証明は非常に難しい。ほっぺたをつねったら痛かった、というのは証明にはならない。痛さを感じる夢もあるからだ。しかも夢は、その中にいる限り、とてもリアルに感じる。

現代では、パトナム（Hilary Whitehall Putnam, 1926 - 2016）が「培養液の中の脳」という思考実験を提示している。われわれは現実の世界で暮らしているように感じている。でも実は、培養液に浸かった私の脳に、コンピュータから電極をつないでヴァーチャル・リアリティーを体験させていたとしたらどうだろう、というものである。実際、視覚も聴覚も触覚も、すべて外部刺激は感覚器官で受容された後、神経を伝わる際は電気信号となって脳に運ばれ、そこで解釈が行なわれる。であれば、最初から電気信号にして脳に直接送り込んでも同じ感覚が得られるのではないか、というものである。一九九九年のアメリカ映画『マトリックス（*The Matrix*）』では、そのようなシーンが出てくる。[7]

しかし、夢にしろヴァーチャル・リアリティーにしろ、少なくともわれわれの体や脳は確実に存在しているではないか、と思われるかもしれない。だが、われわれはコンピュータ上の情報の集合体で、それが実生活を体験しているように思い込んでいる可能性もゼロとは言えない。ドラえもんの人工頭脳の内部は、まさにそうした状態であろう。情報の集合体はどのハードウェア上にあってもよく（多重実現可能性）、もはや実体すらないように思える。さらに、神が実は欺く神（Dieu trompeur）で、自分が認める全てのものが悪い霊（genius malignus）の謀略にすぎないかもしれない。その場合、明白な真理ですら欺かれている。２＋３＝５のような自明に見える計算も、計算するたびに間違えさせているかもしれないという理由で排除されてしまう。では、百パーセント確実なものは存在しないのだろうか。

確実なものは存在する

デカルトは『方法序説』の中で、「確実なもの」の発見を述べている。

> この事を考えると、かつて私の心のうちにはいって来た一切のものは夢に見る幻影とひとしく真ではないと仮定しようと決心した。けれどもそう決心するや否や、私がそんなふうに一切を虚偽であると考えようと欲するかぎり、そのように考えている「私」は必然的に何ものかであらねばならぬことに気づいた。そうして、「私は考える、それ故に私は有る」というこの真理がきわめて堅固であり、きわめて確実であって、懐疑論者らの無法きわまる仮定をことごとく束ねてかかってもこれを揺るがすことのできないのを見て、これを私の探求しつつあった哲学の第一原理として、ためらうことなく受けとることができる、と私は判断した[8]。

すべてを疑ったとしても、百パーセント確実だと言えるものがある。それは、いま「私が疑っている」というそのことである。その疑っている私は、肉体でも脳でもないかもしれない。だが、少なくとも疑っている以上、疑っている心つまり私の精神は百パーセント確実に存在しているのである。

この「私は考える、ゆえに私はある」（初出のフランス語でJe pense, donc je suis、ラテン語に訳されてcogito ergo sum コギト・エルゴ・スム）とは、「私は疑っている、だから、疑っている私の心・精神は存在する」ということである。

物体も存在する

さて、真理探求の方法として「方法的懐疑」を行なった結果、まずは私の心の存在が百パーセント確実なものとして確信された。しかし「方法的懐疑」はあくまで「方法」にすぎない。実際には神は誠実なものである。それを確証するために、デカルトは神の存在証明を行なう。

まず、間違いを起こすわれわれの知は有限なものであるが、それは「無限」があってこその有限である。次に、継続して存在するには神の力が必要である。そして、完全な神の観念は、そのうちに存在を含む。以上から、神は完全で無限であるがゆえに、欺く神や悪い霊は否定され、誠実な神が見出される。

そして、精神に「明晰かつ判明」に現われるもののみを真理の基準とすることで、私の認識能力も信頼できるものとなる。その信頼性の上に、それまで不完全とされてきた感覚に基づく物体の存在も、確実なものとされる。その上で、物体は大きさ、重さ、位置、力、時間、運動距離、速度といった数的な要素に分解され計測され、それらの間に成り立つ関数関係が法則化され検証されるという仕方で、近代科学の基礎を形作るのである。

こうして、真の知識は、感覚的認識ではなく、理性的認識によって得られるとする「合理論」の立場が確立され、フランスのパスカル、オランダのスピノザ、ドイツのライプニッツをはじめとして、デカルトの合理論の流れは、ヨーロッパ大陸に受け継がれた。

デカルトの残した宿題

デカルトは、世界は二種類のまったく異なる存在から成立しているとした。一つは、延長を持つ物体であり、もう一つは、延長を持たない心・精神である。これを「二元論」と呼ぶ。

すると、二つの問題が出てきた。一つは、物体と心を支えている「神」の理解の問題である。デカルトは神の「永遠真理創造説」を提起した。当時は、現実の世界は神が創造したとしても、数学的真理やイデアなどは創造されたのではなくその範例であると考えられていた。デカルトはこれに対して、永遠の真理もまた神の創造物であり、人間の精神に刻印されており、自然界にも法則として存在しているとした。

もう一つは、人間の心と身体の問題である。これは「心身問題」と言われている。「心」は「延長」を持たない存在であるが、「身体」は大きさや重さがあるので「延長」を持つ物体である。

しかし、まったく種類の異なる存在は互いに関係し合うことはあり得ない。たとえば、心に属する「友情」で、物体に属する「ガラス」を割ることはできない（カメハメ波とか気功で物を動かすことはどうなのだ、と言われる方もいるかもしれないが、もともと四千年の歴史を持つ気功は内気といって体内の気の流れをコントロールするものであった。それを体外に出して物に作用させる外気は、ここ最近言われ始めたという説がある）。

しかし、心が、物体である身体と関係を持つことがある。それは一人の人の中で起きる。つまり、われわれは心で意思して身体を動かすし、心のストレスが身体に影響したり、その逆もよくあることである。

心身問題の解決策

デカルトは『情念論』でこの問題を取り上げた。王女エリザベートからこの質問を受けて、彼は、脳の最奥部にあるとされる松果腺や動物精気や血液などを介して、心と身体が作用し合うことを述べている。しかし、松果腺や動物精気や血液ははっきり言って「物」である。エリザベートが、そしてわれわれが知りたいのは、心がどのようにそれらの「物」と関わっているかなのだ。結局、デカルト自身にはこの問題は解けずに、後世に託されてしまったのである。ここから、「心身問題」の様々な解決が試みられるようになった。

マルブランシュ（Nicolas de Malebranche, 1638 – 1715）の「偶因論」では、「全ての事物を神において見る（voir toutes en Dieu）」、つまり人間は神の内なる観念を通して世界を認識するという仕方で、全ての現象の直接原因を神に求める立場をとっている。われわれは神による因果関係を、単なる因果関係と見誤っているだけなのである。

スピノザ（Baruch de Spinoza, 1632 – 1677）の「心身平衡論」では、心と身体を唯一の実体すなわち神の二つの様態とする立場をとる。言い換えれば、人間存在に対して、思惟という属性によって解釈すれば「心」であり、延長という属性によって解釈すれば「身体」であるが、それらは同一の存在なのである。[9]

ライプニッツ（Gottfried Wilhelm Leibniz, 1646 – 1716）の「予定調和説」では、心と身体は同一宇宙の表現であり、現実的世界の創造に先立つ神の可能的世界の構想のうちに、諸実体の間の直接的相互作用を否定しつつも、諸実体の間の調和があらかじめ定められているとする立場をとる。簡単に言えば、心と身体がお互いに調和するように、神があらかじめ調整してくれているのである。心と身体を、優れた職人の手による正確な二つの時計にたとえれば、相互に作用し合わなくても、常に同じ時刻を刻むという、一致調和した関係が成立するのである。[10]

ベルクソン（Henri-Louis Bergson, 1859 – 1941）は「イマージュ」という、心の内部的とも外部的とも語ることができない、「表象」と「事物」の中間、心像としては精神的であり物像としては物質的である、「中間のもの」の存在を提唱している。これは心身のゆるやかな相互浸透・結合である。[11]

メルロ＝ポンティ（Maurice Merleau-Ponty, 1908 – 1961）は、「存在」という言葉には、「意識＝主体」と「物＝客体」の二つの意味だけがあるのではないと述べ、自己の身体の経験が、「両義性」という実存様式を持つことを提起した。つまり、私とは私の身体であり、自然的な主体として、「生きる」ということで認識されるのである。[12]

ライル（Gilbert Ryle, 1900 – 1976）も『心の概念』において、心を、身体という機械の中に住む幽霊みたいな、身体から独立した存在として捉える立場を「カテゴリー・ミステイク」であると否定する。むしろ心の働きは身体と切り離せないものであり、心の動きを語る「言葉」は実は身体の行動の「傾向性」を語っているにすぎないとした。

われわれが目撃することができるのは理知的に行われている行為それ自体以外の何ものでもない。彼は身体的にも精神的にも活動しているが、二つの異なる「場所」において活動し、あるいは二つの異なる「エンジン」を同時に作動させているわけではないのである。そこには唯一の活動が存在するのみである。[13]

われわれが心的述語を用いて人間を記述する場合、われわれは、意識の流れの中に生起する実体のない幽霊のような過程を求めての推論（中略）を行なっているわけではなく、むしろ、顕著な公的振舞いを構成するもろもろの部分が統括される有様を記述しているということである。[14]

アリストテレスは、われわれが動機について語るときわれわれはある種の傾向性について語っているということ、しかも能力とは異なる種類の傾向性について語っているということをすでに理解していた。[15]

私は会話の中のあなたの言説、あなたの感嘆の声、あなたの口調などを聞き、そのことによってあなたの性向や気分を理解する。あるいはまた、あなたの身振りや顔の表情を見、そしてそれらを理解することもできる。[16]

他にも、「唯物論」による解決案がある。つまり、心は脳であり、それは物である、したがって、物である身体と関係を持つのは当たり前だ、とするものだ。[17]

また、「観念論」・「唯心論」という解決法もある。唯物論とは逆に、身体を含む物の世界は、心に構成された像であるとするものである。たとえば色は物の側ではなく心にしか存在しない。なぜなら、まず光自体は色ではなく一種の電磁波である。また、物体の表面も原子でできているが原子自体には色はない。その光のうち、ある波長のものが物体の表面で反射して目の中の網膜で受容され、神経の中を信号として伝わり、最終的に心に至って「色」として捉えられるのである。形や空間認識も同様である。音や言葉も、空気の振動にすぎないものを聴覚が受容して伝達された果ての心の解釈であると考えれば、何かの刺激（カントの言う物自体）がわれわれの外にあるにしても、意味を持った世界という形で現われるのは心のうちにおいてなのである。

「機能主義」は、心の状態を脳や身体という物体の生理学的あるいは物理的状態と考え、その状態が他の状態との間で果たす因果的役割、「機能」として、異質であるが一体化できるとする。機能を果たしさえすれば、ドラえもんなどの人工物でも心を持つことになり、異なる物理的状態でも、同一の心的状態が多重実現可能であると主張している[18]。

列挙すれば他にも多数挙げられるが[19]、いずれも決定打とは言い難いようである。心身問題をどのように解決するのかは、心を持ったＡＩの開発にも大きく関わっている。

なお、この他にも、「デカルト的不安」という問題もある。これは、われわれの知識について、それを正当化する、もっと確実な、絶対的に保証された知識があるはずであり、それがないと不安を覚える態度のことである。これに対しては、後述のローティなどによって様々な検討がなされている[20]。

パスカル（*Blaise Pascal, 1623－1662*）

早熟の天才パスカルは、三十九歳で亡くなるまでに、数学者、物理学者、哲学者、キリスト者、発明家、実業家としての才能を遺憾なく発揮した。十二歳でユークリッドの幾何学の方法を独力で再構成し、十六歳で『円錐曲線試論』を発表して射影幾何学に関する「パスカルの定理」を発見した。十九歳で計算機を発明し、二十三歳で真空の実験を始めた。「パスカルの原理」（密閉された流体の一部に加えられた圧力はあらゆる方向にそのままの強さで伝達される）も有名であり、天気予報などによく出てくる圧力の単位「ヘクトパスカル（hPa）」にその名を残している。

このように見てくると、パスカルはバリバリの科学者で、中世キリスト教世界に対して、理性による科学革命を起こしたリーダーの一人のように思われるかもしれない。確かに彼は、デカルト的な合理性を追求した。しかし、科学は全て「理性」によって認識されると考えていたわけではない。

パスカルは「人間は考える葦《あし》である」という言葉でも有名である。その言葉が書かれている『パンセ』に基づいて、彼の思索を見ていこう。

「考える葦」

実は、パスカルは科学者であると同時に、あるいはそれ以上に、キリスト者であった。『パンセ』は、彼が「キリスト教護教論（弁明論）」として書き残した文章の断片を、後世の人がまとめたものである。[21]彼は科学的な理性よりも、宗教的な信仰を上位に置いている。一般的には、理性と信仰は対立するものと思われている。しかし、理性が自らの働きをすすめていくと、理性を超えたものの存在を認めざるを得なくなるのである。

われわれが真理を知るのは、理性によるだけでなく、また心情によってである。われわれが第一原理を知るのは、後者によるのである。[22]

第一原理である「空間、時間、運動、数が存在する」「空間に三次元ある」「数は無限である」ということは、まず「心情」によって直感される。その次に、「一方が他の二倍になるような二つの平方数は存在しない」といった論証が、「理性」によって行なわれる。「原理は〔心情によって〕直感され、命題は〔理性によって〕結論される」のであり、どちらも「違った方法ではあるが、すべて確実に行なわれる」のである。彼は信仰についても「神を感じるのは、心情であって、理性ではない」と述べている。

神によって、清らかで無垢で完全な存在として創造された人間は、自己愛・自己中心的なエゴによって神から離れていった。その人間について、パスカルは、見事な「モラリスト的な人間観察」を行なっている。その一つが有名な「考える葦」の箇所である。

人間はひとくきの葦にすぎない。自然のなかで最も弱いものである。だが、それは考える葦である。彼をおしつぶすために、宇宙全体が武装するには及ばない。蒸気や一滴の水でも彼を殺すのに十分である。だが、たとい宇宙が彼をおしつぶしても、人間は彼を殺すものより尊いだろう。なぜなら、彼は自分が死ぬことと、宇宙の自分に対する優勢とを知っているからである。宇宙は何も知らない。

だから、われわれの尊厳のすべては、考えることのなかにある。われわれはそこから立ち上がらなければならないのであって、われわれが満たすことのできない空間や時間からではない。だから、よく考えることを努めよう。ここに道徳の原理がある。[23]

われわれは「無限な宇宙」の中のほんの一点にしかすぎない「みじめな存在」である。しかし、「考えること」によって、逆に自らの無力さを知る存在となり、また、宇宙を自分のものとして自分の思想の中に包み込むことができる。「考えること」にこそ人間の偉大さ、尊厳があるのだ。この「考えること」とは「理性」による推論・「幾何学的精神」だけでなく、最終的には一挙に全体を直観する「繊細の精神」（今で言えば、理系的な才能と文系的な才能という感じだろうか）、そしてさらに「心情」を含むものである。

理性の限界

しかしこの箇所のポイントは、人間の偉大さを認めることにあるのではない。塩川徹也（1945－）は以下のように述べている。

> いくらみじめさの自覚が偉大さの証拠になるからといって、それでみじめさの意識が薄らぐわけではない。逆に、みじめさの自覚が深まれば深まるほど、その意識も鋭くなる。（中略）みじめさも偉大

さも、「限りない円を描いて、一方から他方へ移り変わ」る。要するに、人間には、肯定的性質（健全さ、偉大さ）であれ否定的性質（むなしさ、みじめさ）であれ、それと定まった本性、本性を指定することができない[24]。

人間においては、自然本性・「自然」の本来性が損なわれており、認識や行動の際の価値の基準として働いてくれない。その、自然の一員であると同時に意識存在でもある、惨めさと偉大さの入り混じった不安定な人間の存在が、キリスト教的な表現では「堕落」であり「原罪」でもある。

そのようなわれわれの悲惨の「修復者」が、イエス・キリストである。しかし、そのことを論証するために、パスカルは仮説演繹法という「科学的な方法」を用いている。なぜ科学的かというと、「人間の現状の観察から出発して、その謎を説明する仮説を立て、それを歴史的事実と見なされた聖書の記述に照らして検証するという手順を踏んでいるからである[25]」。

イエス・キリストは無償の恵み・償《つぐな》いによって、「神と人間の交流を回復することを通じて、人間同士の愛の交流、すなわち隣人愛を可能にした[26]」。以下、塩川（二〇一六）から引用する。

> 世間の考えによれば、誰かが愛されるのは、それだけの性質と価値（美しさ、賢さ、善良さ等）をもっているからである。反対に否定的な性質（醜さ、愚かさ、邪悪さ等）の持ち主は、愛されないし、憎まれてしかるべきである。パスカルはこの常識を極端に押し進めると、かえって常識に反する奇妙な結論が出てくることを示そうとしているのである。彼が言おうとしているのは、人格に向けられる

愛が存在しないということではない。逆に、人格に対する愛について、それに先行する原因として、何らかの永続的な価値を想定するのが間違っているということである。ここまでくれば、議論を背後から支えているのが、イエス・キリストの「償い」であるのは明らかである。それは、人間の罪を償うために十字架にかかったイエス・キリストの愛にほかならない。神は、罪人である人間を愛することを通じて、人間を愛に誘っている。言いかえれば、神の愛は価値の評価に応じて注がれるのではなく、逆に注がれることによって価値を創出する。[27]

神の愛こそが、価値を作り出すものなのである。愛については、彼は「三つの秩序（trois ordres）」を唱えた。世界には、人間の身体を基礎とする物質界・人間知性の領域である精神界・愛の領域である超自然界の、無限に隔たった、三つの次元の異なる世界がある、という考えである。[28]

あらゆる物体、すなわち大空、星、大地、その王国などは、精神の最も小さいものにもおよばない。なぜなら、精神はそれらのすべてと自身とを認識するが、物体は何も認識しないからである。

あらゆる物体の総和も、あらゆる精神の総和も、またそれらのすべての業績も、愛の最も小さい動作にもおよばない。これは無限に高い秩序に属するものである。

あらゆる物体の総和からも、小さな思考を発生させることはできない。それは不可能であり、ほかの秩序に属するものである。あらゆる物体と精神とから、人は真の愛の一動作をも引き出すことはできない。それは不可能であり、ほかの超自然的な秩序に属するものである。[29]

パスカルは、理性の及ばない、心情と愛の秩序に、真理への入り口を見た。塩川（二〇一四）は次のように述べている。

> 読者にとっては未知の体験である「心に感じられる神」を、人間業では到底不可能な目標としてはるかに指し示しつつ、神がこの世に残した痕跡の探索を通じて、キリスト教のメッセージの正しさを精神の次元で説得すること、これが、執拗でねばり強い思索の果てに、護教論の存在理由と限界についてパスカルが辿りついた結論だと思われます。（中略）以上のように考えれば、論理的には一応筋が通ります。しかし（中略）それだけでは済まないという印象を受けるのも事実です。[30]
>
> 『パンセ』の中には、外的な証拠と推論を組み合わせてキリスト教の正しさを論証する人間の説得と、内的で直接的な心の直感を経由して鳴り響く神の説得が、分かち難く絡み合っています。[31]

パスカルだけではなく、偉大な天文学者ケプラーやコペルニクスなども、熱心なキリスト者だった。ニュートンもまた、「万有引力の法則」をはじめとする科学理論はキリスト教の教義と矛盾しないと考え、キリスト教の研究に打ち込んでいた。彼はさらに錬金術にも熱中していた。

近代ヨーロッパの「科学革命」を牽引する思想家たちの中にも、様々な考え方があることを確認できれば、この章の役目は果たされたと思う。

第7章　人間の自然状態と国家の成立（1）
――グロティウス、ホッブズ

自然状態と自然本性

ルネサンスと宗教改革によって、集団からの「個人」の解放が意識されるようになった。そして、個人の存在の問題、個人の自然権の問題、個人と国家の問題などがクローズアップされてきた。

「自然状態（condition of nature, state of nature）」とは、社会や国家ができる以前の、人間が本来持っている自然な本性、つまり「自然本性」のままの原初的な生存状態のことである。

絶対的な正義、すなわち「いつの時代にもどんな社会にも共通の正義」を求めるには、全ての人間が同じ性質であり、そこから正義が導かれたことを述べればいい。言い換えれば、人間とはどんな動物で、どんな性質を持ち、どんな状態で生きており、そこからどんな正義が導かれるのかを述べればいいのである。

その発想自体は古代ギリシアや古代ローマに遡る。その点は、すでに第3章に登場したキケロで確認している。彼は人間の「自然」を「共生して社会を作る」こととし、正義を「社会の維持」に関わることに求めていた。

この方法は、近代ヨーロッパの国王たちが「国家を治める権利を神から授かった」として「王権神授説」を唱えたのに対して、「統治権力は人民の契約に由来するものである」という「社会契約説」を唱えた思想家にも見られる。

本章では、そのような「自然状態」や「自然本性」から、人間に共通の正義を導き出そうという方向性を持った思想家を紹介する。

グロティウス（*Hugo Grotius, 1583 - 1645*）

自然法

グロティウスはオランダの法学者で、自然法の父とも国際法の父とも呼ばれている。弁護士・政治家・外交官・哲学者・劇作家・詩人など多彩な活躍をした。著書に、戦争が法によって規制されることを述べた『戦争と平和の法』や、国際的領域である海を貿易のために自由に使用することを主張した『海洋自由論』などがある。

彼は、「自然法」、すなわち、「人間の自然本性に基づいた全ての人類に共通な法」があると主張した。

これは宗教的信条や人為的な立法・慣習に影響されない、民族や時代を超えたものである。

それはまた、善悪を神の意志に関連づけていた中世的な考え方からの解放でもあった。グロティウスは「神が存在しないとしても、また、神が人間のことがらに関係しないとしても、自然法は存在する」と述べている。「自然法」とは、「理性」によって理性的かつ社交的な本能に合致すると認められるもののことであった。彼は「自然法」の源泉を人間の理性的な社交性に求め、その原則として以下のことを提示した。

1、他人の所有物を侵さないこと
2、契約の遵守
3、不法行為に対し刑罰を受けること

また、「自然権」の基本として、「生命や身体や自由の安定」「無主物の先占」「契約の神聖性」などを挙げている。彼はこうした自然法に基づく国際法のもとでの国際平和の実現を提唱した。

イギリスの混乱と対立

徳川家康が江戸幕府をひらいた一六〇三年、イングランドでは女王エリザベス一世が崩御し、代わってジェームズ一世が戴冠した。彼は、「王の権利は神から授かったもので国民の関わることではない」という「王権神授説」を唱えて、議会を無視して新税を取り立てたり、大商人に独占権を与えたりと、専制的な政治を行なった。次のチャールズ一世も専制を行なった。非難する議会を解散したり、自分の都合で開催したりしたため、一六四二年に王党派と議会派の間で内戦となった。「ピューリタン革命」である。議会派のクロムウェルは一六四九年にチャールズ一世を処刑し、共和政を樹立した。クロムウェルは厳格な軍事独裁体制を敷いたが、国民の不満が高まった。そのため、彼の死後にパリに亡命していた王子がチャールズ二世として国王となり、「王政復古」が行なわれた。

チャールズ二世もまた専制政治を行なった。パリに亡命中にカトリックに改宗していたため、カトリック教徒を重んじた。こうして、国教会の議会との間に対立が深まった。次の国王ジェームズ二世も、カトリック擁護と王政の復活に力を注いだため、議会は一六八八年に国王の長女メアリの夫をオランダから招いた。国王が亡命したのち、二人をウィリアム三世とメアリ二世として王位につかせ、内乱による流血のない「名誉革命」が行なわれた。そして、国民の生命や財産の保護を定めた「権利の章典」が制定された。こうして、イングランドは議会主権の立憲君主制となった。

ホッブズ（*Thomas Hobbes, 1588－1679*）

ホッブズの生涯

豊臣秀吉が天下をとっていた一五八八年、南北アメリカやフィリピンなどの植民地を抱えて繁栄の絶頂にあったスペインの無敵艦隊が、イングランドに襲来した。そのニュースに驚いた母親が早産したのがホッブズであった。そしてイングランドは無敵艦隊を破って海外進出に乗り出した。

ホッブズは二十歳そこそこでオックスフォード大学を卒業し、貴族の家に家庭教師として勤めた。絶対王政の支持者とみなされたため、パリに亡命した。亡命中にイングランドで「ピューリタン革命」が勃発。後の国王のチャールズ二世もパリに亡命してきたため、家庭教師として数学を教えた。主著『リヴァイアサン』を書き上げ、ガリレオやデカルトと友達になった。一六五一年にイングランドに戻り、様々な著作を出版した。

ホッブズは平和を望んだ。しかしギリシア・ローマの思想もキリスト教の政治理論も支配者に対する抵抗を促し内乱をもたらすと退けた。そこで「政治哲学」を創始し、国内に平和をもたらすためには支配者が絶対的な権力を持つことが不可欠だと主張した。

自然状態（ホッブズ）

人間とは、もともとどんな生き物だろうか。人間とはサバンナのライオンのようなものだ。生きのびて行くことが第一の目標である。そのためには弱いものを捕食し、時には仲間からも獲物を奪うという利己的な弱肉強食の争いをしている。ホッブズの仮定した人間の自然本性は、まさにそのようなものであった。

著作家たちが「ユス・ナトゥラレ」と一般に呼んでいる〈自然権〉とは、各人が自分自身の自然すなわち生命を維持するために、自分の力を自分が欲するように用いるよう各人が持っている自由である。

> したがって、それは自分自身の判断と理性とにおいて、そのためにもっとも適当な手段であると考えられるあらゆることを行なう自由である[1]。

つまり人間は、自己保存のためにあらゆること（文字通りの何でもアリ。その中には盗みも傷害も殺人さえも含まれる）を行なってもいいという権利を、生まれながらに「自然権（right of nature, natural right)」として持っている。

「万人の万人に対する戦い」

しかし、自然権に基づいて、利己的で無制限な自由のままに人々が行動すると、互いに奪いあい戦いあう「万人の万人に対する戦い（bellum omnium contra omnes)」の状態になってしまう。ホッブズはこの状態こそが人間の「自然状態」であると想定した。

> すなわち、人びとは、すべての人を威圧しておく共通の力をもたずに生活しているあいだは、かれらは戦争と呼ばれる状態にあるのであり、そして、かかる戦争は、各人の各人にたいする戦争なのである[2]。

このような「自然状態」では、そもそも協力することがないため、交易や文化が育たず、人びとは常に恐れながら貧しい暮らしをしていくことになる。そして寿命も決して長くはない。

このような状態においては勤労の余地はない。なぜなら、その成果が不確かだからである。したがって、土地の耕作は行なわれず、航海も海路で輸入されうる財貨の使用も行なわれず、便利な建物もなく、多くの力を要するようなものを運搬し、移動させる道具もなく、地表に関する知識も時間の計算もなく、技術も文字も社会もない。そしてもっとも悪いことは、継続的な恐怖と暴力による死の危険とが存在し、人間の生活は孤独で、貧しく、険悪で、残忍でしかも短いことである[3]。

国家の成立（ホッブズ）

人々はみな、平和で豊かな暮らしがしたい。どうすればいいだろうか。人間には生まれつき「理性」が備わっているが、自然状態ではまだうまく働かせていない。そこで持ち前の理性の声に耳を傾け、理性の命じる「自然法」に従うことになる。ホッブズは『リヴァイアサン』で十九の「自然法」を挙げている。

第一の自然法：「平和をもとめ、それにしたがえ」

第二の自然法：「人は、平和と自己防衛のためにかれが必要だとおもうかぎり、他のひとびともまた
そうであるばあいには、すべてのものに対するこの権利を、すすんですてるべきであ

り、他のひとびとに対しては、かれらがかれ自身に対してもつことをかれがゆるすであろうのとおなじおおきさの、自由をもつことで満足すべきである」

第三の自然法：「人びとは、むすばれた信約を履行すべきだ」（以下略）[4]

つまり、有能なリーダーを立てて、その人に全ての権利を委ね、他の人たちは自然権を放棄して彼に従って暮らすことで、秩序ある安定した社会が生まれるに違いない。そのような契約をみんなで交わせばいいのだ。

> かれらを外国人の侵入や相互の侵害から防衛し、それによってかれらの安全を保証して、かれらが自己の勤労と土地の産物によって自己をやしない、満足して生活できるようにするという、このような能力のある共通の権力を樹立するための、ただひとつの道は、かれらのすべての権力と強さとを、一人の人間に与え、または、多数意見によってすべての意志をひとつの意志とすることができるような、人びとのひとつの合議体《アセンブリ》に与えることであって、そのことは、つぎのようにいうのとおなじである。すなわち、ひとりの人間または人びとの合議体を任命して、自分たちの人格をになわせ、（中略）この人格をになうものは、主権者とよばれ、主権者権力 Soveraigne Power を持つといわれるのであり、他のすべてのものは、かれの臣民である。[5]

こうして、社会契約によって国家が成立する。国家は法的な「人格」すなわち「法人」であり、その意思が（立法権者や内容が認識されるという条件つきで）法となる。主権者（国王）は絶対的な主権を持ち、臣民（国民）は絶対的な服従をしなければならない。そして臣民は主権者の言動を権威づけ、自分のものとみなすようになる。そうなると、主権が臣民にひどいことをしても、それは臣民が自分自身に対して行なったものとして、抵抗することはできないことになる。どんなに独裁的な暴君だったとしても、主権者不在の「万人の万人に対する戦い」の状態に比べれば、はるかに「まし」なのである。

> 確かに、これほど無制限の権力からは、多くの望ましくない結果が生まれることを想像する人々もあろうが、それがないことから生ずる結果に、つまり各人が隣人とつねに戦争状態にあることに、比べるならば、はるかにましである。この世における人間の状態には、必ず不都合がつきまとう。[6]

ホッブズの「自然法」は無秩序で悲惨な自然状態に「理性による秩序」をもたらすものである。その「自然法」によって設立された国家は絶対的な権限を持っているのである。この思想が、他の「社会契約説」の思想家とどのように違っているのか、次章で見ていくことにしよう。

第8章 人間の自然状態と国家の成立（2）

——ロック、ルソー

ロック（*John Locke, 1632 - 1740*）

ロックの生涯

ジョン・ロックはイギリス南部の地方地主の長男として生まれた。十歳の時に起きた「ピューリタン革命」で、彼の父は議会軍として戦っている。学生の頃にイギリスは共和政になった。その後オックスフォード大学で医学とスコラ哲学を中心としたカリキュラムを修めたが、彼の志向は新しい哲学に向かっていた。三十一歳の時に王政復古が行なわれた。三十六歳でシャフツベリ伯の私設秘書官、主治医となった。チャールズ二世とその王弟ヨーク公は親仏派であり、カトリックへ傾いていったため、プロテスタント国であるイギリス議会は王位排斥法を提出した。国王派は、神がアダムに与えた支配権が子孫の家父長に受け継がれ、現国王の支配権に至っているという「家父長君主論」を唱えた。議会派のロックはこれに対抗して、国王の権力は国民の所有権を守るための限定されたものだとする『統治論』を執筆した。その後、議会派は敗れ、ロックはオランダに亡命した。しかしジェームズ二世として即位したヨーク公は名誉革命によって国を追われ、ロックは帰国して『人間知性論』などの多くの著作を発表した。

ホッブズ、ロック、ルソーの生きた時代

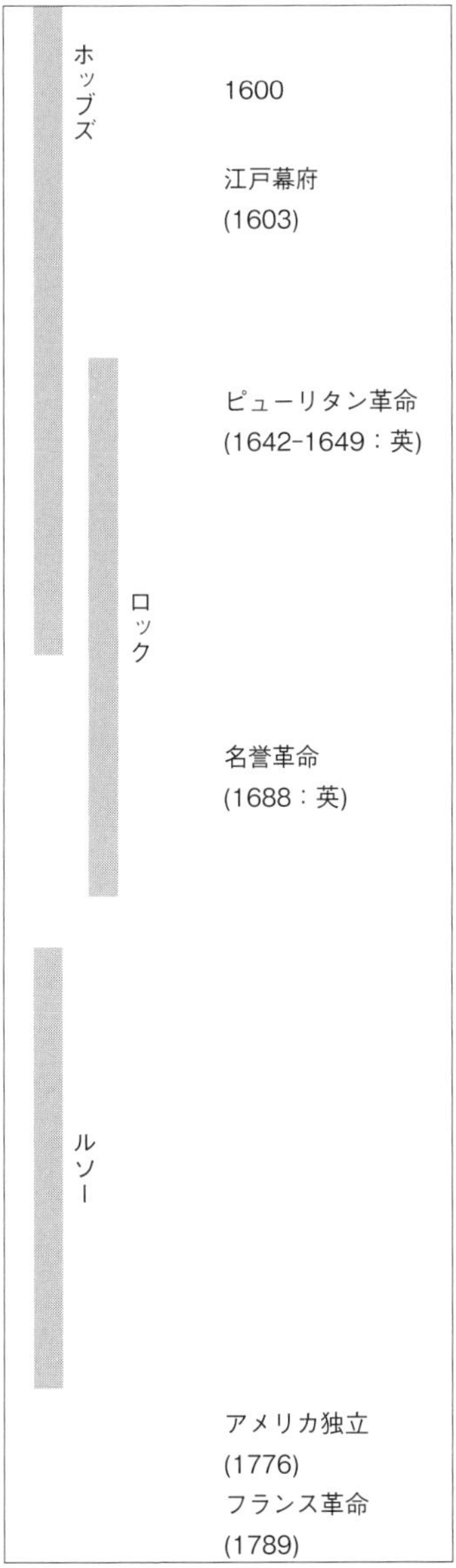

自然状態（ロック）

人間とはもともとどんな生き物だろうか。人間とはアリやハチや猿のようなもので、放っておいても集まって生活し、社会を構成する動物である。ロックの自然本性の発想はこれに近いようだ。またこれはキケロにも共通する観点でもある。

ロックは人間の自然状態を、自由で平等で「所有権」を持っている平和な状態だと考えた。ホッブズ同様、人間は「理性的」な存在である（ただし、ホッブズの「理性」が主に推論能力であるのに対して、ロックのそれは規範認識能力が含まれる）。しかしホッブズと異なるのは、理性の教える自然法がすでに自然状態の中に存在しているという点である。これは後述のルソーの場合も同様である。

> 政治権力を正しく理解し、その起源からそれを導出するためには、すべての人が自然にはいかなる状態にあるかを考えねばならない。それは、人々が他の人々の許可を求めたり他の人の意志に依存することなく、自然法の範囲内で、自らの行動を律し適当と思うままにその所有物を処置するような完全に自由な状態である[1]。

ロックの考える「自然権」とは、個人の生命・健康・自由・平等の権利、そして「所有権」である。抵抗権・革命権も含まれる。そして「自然状態」においては、理性的な「自然法」がはじめから存在していて、他者の自然権を尊重するように命じている。

ホッブズの「理性的な自然法」は悲惨な自然状態から脱却するために「自然権」の放棄を命じているもので、ロックと異なる。ホッブズの場合、自然状態は最悪な状況なので、理性に基づく自然法によって制御される必要があった。

しかし、ロックの場合は、自然状態は良好で、そこにすでに自然法が働いている。

> 自然状態はそれを支配する自然法をもち、すべての人間がそれに拘束される。そして、その自然法たる理性は、それに耳を傾けようとしさえすれば、全人類に対して、すべての人間は平等で独立しているのだから、何人も他人の生命、健康、自由あるいは所有物を侵害すべきではないということを教えるのである[2]。

所有権

ロックが特に重要視した所有権（property）の理論は、「労働所有権論」と呼ばれている。

> たとえ、大地と、すべての下級の被造物とが万人の共有物であるとしても、人は誰でも、自分自身の身体に対する所有権をもつ。これについては、本人以外の誰もいかなる権利をももたない。彼の身体

の労働と手の動きとは、彼に固有のものであると言ってよい。従って、自然が供給し、自然が残しておいたものから彼が取りだすものは何であれ、彼はそれに自分の労働を混合し、それに彼自身のものである何ものかを加えたのであって、そのことにより、それを彼自身の所有物とするのである[3]。

所有権とは、自分の所有物を自由に「処分」できる権利である（自由に使えるだけなら、使用権にすぎない）。これは神が与えたもので、所有物の中には生命・身体・自由も含まれている。もともとは、大地や大地が生み出すものは誰のものでもない。ただ、私の所有物である私の身体を用いて労働して得たものについては、私に固有の（proper）ものとなり、私の所有物になる。自分の所有物について権利を持つようにするなら、「万人の万人に対する戦い」も起こらないだろう。

国家の成立（ロック）

自然状態が平和であるなら、法律や義務や税金を課せられる国家をわざわざ作る必要はない。しかしなぜ人は国家を作る必要があるのか。それは、所有権をきちんと守るためである。たとえば、のび太くんがお小遣いを貯めて買ったコロコロコミックをジャイアンに奪われたとしよう。のび太くんは家に帰って押入れの襖を開けてドラえもんに訴え、四次元ポケットから出した道具で取り返してもらうだろう。しかしわれわれにはドラえもんはいない。そこで、みんなで社会契約を結んで、統治権力をつくり、警察や国防などを整備し、所有権の保護を任せることにしたのである。

人がその生まれながらの自由を放棄し、市民社会拘束を受けるようになる唯一の方法は、他の人と一緒になって一つの共同体に結集しようと協定することだけであり、その目的は、それぞれの財産を安全に享有し、社会外の人に対してより大きな安全性を保つことによって、相互に快適で安全で平和な生活をすることである[4]。

ホッブズの国家は「法人」であったが、ロックの国家は「信託」である。彼は、選挙で選ばれた代表による議会制民主主義（間接民主主義）や、立法権・行政権・連合（外交）権の三権分立を唱えた。これはのちに『法の精神』を著わしたフランスのモンテスキュー（Charles-Louis de Montesquieu, 1689 – 1755）によって、おなじみの立法権・行政権・司法権の三権分立として確立された。

では、国家が、独裁や議会無視によって重税を課すなど、所有権を保護してくれない場合はどうするのか。ホッブズの場合は国家こそが「理性による秩序」なのであり、「万人の万人に対する戦い」よりはましなのだから「我慢しよう」ということになる。しかしロックの場合、自然状態がすでに「理性による秩序」であり、国家はそれを保障するものにすぎない。したがって、国家が「所有権を守ってくれる」という国民の「信託」に背いた場合は、国民は政府との契約を破棄して主権を取り戻し、適当と思われる手段、たとえば抵抗権に基づいて政府と戦うことや、革命権に基づいて新しい政府を打ち立てることもできる。

立法部がこの社会の基本的規則を踏みにじり、国民の生命、自由、財産に対する絶対権力を、野心や恐怖や豊かさ、あるいは堕落によって自ら掌握しようとしたり、あるいは他の人に委ねようとするときには、この信託背任によって、国民が全く別の目的のために彼らに与えた権力を、立法部は失い、この権力は国民に復帰する。国民はその根源的自由を回復する権利を持ち、（自ら適当と思う）新しい立法部を確立することによって、社会に加わった目的であるところの、自らの安全と保証のために備える権利を持つ[5]。

近代民主主義国家を支えるロックのこの考え方は、イギリスの名誉革命を正当化し、アメリカの独立宣言やフランス革命を理論的に支えることとなった。日本の憲法理論にも反映されている。特に、公権力を法によって規制する「法の支配」の概念は、イギリスの憲法学者ダイシー（Albert Venn Dicey, 1835－1922）によって学問的に明らかにされ、オーストリア出身の経済学者・哲学者ハイエク（Friedrich August von Hayek, 1899－1992）の「政府が行なう全ての活動は明確に決定され事前に公表されているルールに規制される」という「形式的・抽象的ルール」によって展開された。

ルソー（*Jean－Jacques Rousseau, 1712－1778*）

ルソーの生涯

共和制のジュネーヴで、中間層である時計職人の父のもとに生まれ、生後九日にして賢く美しい母を喪った。幼い頃から病弱で、読書や独学で哲学や歴史や文学を学んだ。十歳の頃、父は貴族との喧嘩がもとで告訴されジュネーヴから逃亡した。兄は徒弟奉公に出され、ルソーは牧師に預けられ寄宿生活を送ったが、そこで虐待を受けた。その後、彫金師のもとで徒弟となったが、そこでも日常的に虐待を受け非行少年となっていった。しかし唯一の慰めである読書の習慣は続けていた。

十五歳の時、市の城門の閉門時間に遅れ、親方から罰を受けるのを恐れて、そのまま一年に及ぶ放浪生活を始めた。十四歳年上のヴァランス男爵夫人の保護を受けたり、使用人、音楽家、土地測量の書記などの職業を転々としたりした。離れたり戻ったりの保護者ヴァランス夫人とは最終的に愛人関係になり、彼女の薬品製作の補助の途中の事故でルソーは体調を壊した。彼は死を覚悟して、残された人生のため古代ギリシア、デカルト、ロック、啓蒙主義などの哲学や幾何学、ラテン語、音楽などの教養を身につけた。夫人の新しい愛人の出現により彼女と別れたルソーは、音楽教師や大使秘書などを勤めた。パリのホテルで出会った女中テレーズと恋に落ち五人の子どもができるが、貧困のため孤児院に入れている。

一七五〇年、ディジョン科学アカデミーの懸賞論文に「文明の発達が、本来善良で平等に暮らしていた人間を堕落させ、不平等を生んだため、本来の自然に従うべきだ」という趣旨の『学問芸術論』が入選して一躍有名となり、著作や音楽の創作活動に入っていった。「むすんでひらいて」の原曲が挿入されたオペラ『村の占師』はこの時期に書かれ王宮で公演された。一七五三年には大作『人間不平等起源論』が再び懸賞論文に入選した。一七六二年には『エミール』『社会契約論』を著わし、三部作が完成した。しかし『エミール』第四巻がカトリック教会を否定するとされ逮捕状が出たためスイスに逃れた。その後パリで出会ったヒュームに連れられてロンドンに行き熱烈な歓迎を受けるが、後にヒュームと仲違いして『告白』を書き、フランスに帰った。パリでも彼は人気者だったので逮捕されることなく過ごした。彼の死後に起きたフランス革命では、功績者と讃えられた。ルソーは日本でも明治時代に中江兆民らの尽力で紹介され、今に至るまで支持を得ている。

自然状態（ルソー）

ルソーの場合も、ホッブズとは異なり、自然状態では人々は、自分を大切にする「自己愛」（l'amour de soi 利己心や自尊心ではない）[6]と、他人が苦しむのを嫌がる「憐れみ」（la pitié 同情心）を持ち、それらに基づく自然法のもとで、家族の家以外は全て共有して、平和に暮らしていた。

> あわれみが一つの自然的感情であることは確実であり、それは各個人における自己愛の活動を調節し、種全体の相互保存に協力する。他人が苦しんでいるのを見てわれわれが、なんの反省もなく助けにゆくのは、この憐れみのためである。また、自然状態において、法律、習俗、美徳のかわりをするものはこれであり、しかもその優しい声にはだれも逆らおうとしないという長所がある。[7]
>
> ホッブズは、みずから確立した原則に基づいて推論するのであれば、こう結論すべきだったのである。自然状態とは、わたしたちの自己保存の営みが、他者の自己保存の営みを害することのもっとも少ない状態であり、この状態こそが、ほんらいもっとも平和的で、人類にもっとも適した状態だったのだ。

それなのにホッブズはまさにその正反対のことを主張する。(8)

しかし技術の発達とともに文明が進むと、人々は所有権を主張して、私有財産の拡張競争が始まり、争い、犯罪、貧富の差が生じてきた。「自己愛」は利己心になり、「憐れみ」は弱体化してしまったのである。

> ある土地に囲《かこ》いをして「これはおれのものだ」と宣言することを思いつき、それをそのまま信じるほどおめでたい人々を見つけた最初の者が、政治社会〔国家〕の真の創立者であった。杭《くい》を引き抜きあるいは溝《みぞ》を埋《う》めながら「こんないかさま師の言うことなんか聞かないように気をつけろ。果実は万人のものであり、土地はだれのものでもないことを忘れるなら、それこそ君たちの身の破滅だぞ！」とその同胞たちに向かって叫んだ者があったとしたら、その人は、いかに多くの犯罪と戦争と殺人とを、またいかに多くの悲惨と恐怖とを人類に免《まぬが》れさせてやれたことであろう？(9)

少し脱線するが、ルソーを愛読し影響を受けたロシアの文豪トルストイの短編「人にはどれだけの土地がいるか」を思い出した。主人公はある村で、印をつけながら一日歩いた分の土地がもらえることになった。日の出とともに出発するが、欲を出して遠くまで行ってしまい、日没に間に合うように全力疾走でゴールした。広大な土地を手に入れたと思ったら、彼はそこで息絶えてしまった。結局彼が手に入れたのは自分を入れる墓穴だけであり、最後に人間に必要な土地とはそのようなものではないか、という示唆に富んだ話である。

国家の成立（ルソー）

さて、前述のロックが成立させた国家は、所有権を守るためのものだった。しかしルソーに言わせれば、それは格差を広げ不平等を加速させる国家である。

そこでルソーは、平和で平等だった自然状態で人々が持っていた「自己愛」と「憐れみ」を取り戻すことで、理想の国家を目指す。後に言われるようになった「自然に帰れ」とは、文明を今更逆行させることはできないにしても、せめて精神は自然状態を回復しよう、というルソーの趣旨をくんだ言葉である。

ルソーは『エミール』で、教育を通して「自己愛」と「憐れみ」の回復を図った。また、当時の、子どもを「小さな大人」と見る通念を否定した。大人とは異なる独特の存在である「子どもの発見」を行ない、自主性を重んじつつ成長段階に応じた能力開発を行なうことを提唱した。これは教育書の古典として今でも重要視され、教員採用試験でも時々出題されている。

また、『社会契約論』では、人間の意志を以下の三つに分類し、「一般意志」によって社会契約を結び、国家の建設を行なうことを提案した。[10]

特殊意志：自己の利益を求める個人的な意志
全体意志：特殊意志が集合して多数決で利益を求める意志
一般意志：みんなの問題を自分の問題とし、みんなの共通の利益を求める意志一般意志は、他人の意志に従うのではなく、自分自身の本来の意志、つまり自分自身の理性に従うことである。この国家では、主権者は社会契約の当事者全員の合議体であり、その意思が一般意志である。言い換えると、支配者が国民全員であり、被支配者も国民全員である。したがって、自分が自分の主人である限り自由である。これが主権的な共同体の意志であり、それが法律として表現される。

一般意志をたとえて言うなら、市民全体と自分との「Win-Win（ウインウイン）の関係」と言ってもいいかもしれない。ロックの、所有権を保護する国家は、パイを奪い合い、誰かが勝者となれば誰かが敗者となる「zero-sum（ゼロサム）」社会に傾く可能性がある。しかしルソーが目指したのは構成員が「自己愛」と「憐れみ」を持ち、みんなの利益が自分の利益であり、みんなの幸せが自分の幸せである国家である。

現代的な例として、ドラッカー（Peter Ferdinand Drucker, 1909－2005）の『マネジメント』を想起する。彼は企業の目的を、利潤の追求ではなく「顧客の創造」としている。それは顧客の集合体である「市場の創造」でもある。

例としてユニクロのヒートテックを挙げる人もいる。[11] こうした暖かい下着は、それまで年配の着るものだと、若者からは見向きもされなかった。しかし薄くて暖かくファッショナブルな下着は世界中で売り上げを伸ばし、顧客に暖かさと省エネを提供すると同時に企業にも多大な収益をもたらした。

スマートフォンにしても、みんなに利便性を与えると同時に企業収益をあげている。もちろん、同業者が増えると市場の奪い合いが起きるが、新しいアプリの開発などでさらに市場を創造し、「Win-Win の関係」が再生産されているのである。

直接民主制

ルソーは、意志が他人によって代表できないのと同様に、主権も代表されることはできないと考え、みんなが直接政治を決める直接民主制を「真の民主主義」と考えた。

主権は譲りわたされえない、これと同じ理由によって、主権は代表されえない。主権は本質上、一般意志のなかに存する。しかも、一般意志は決して代表されるものではない。一般意志はそれじたいであるか、それとも、別のものであるからであって、決してそこには中間はない。人民の代議士は、だから一般意志の代表者ではないし、代表者たりえない。彼らは人民の使用人でしかない[12]。

現代の国家では、みんな忙しいし、有権者全員が集まることができる会議場もないので、代表を選挙で選ぶ間接民主制をとっている。だが、ルソーの故郷であるスイスでは、国民が発議（イニシアチブ）を行ない、国民審議と国民投票（レファレンダム）で決定を行なっている。州の中には、有権者が直接集まって会議を行なっているところもある。

ルソーの思想は、フランス革命に大きな影響を与えることになる。さらに、後世の政治思想にも影響を与え続けている。

たとえば、アメリカ合衆国憲法の父と呼ばれたマディソン（James Madison Jr., 1751 – 1836）は、ルソーの唱えるような直接民主主義は、衆愚政治によって派閥を生みやすいために、間接民主主義の代表による共和政（republic）を提案している。

しかし、『アメリカのデモクラシー』を著わしたフランスの思想家トクヴィル（Alexis-Charles-Henri Clérel de Tocqueville, 1805 – 1859）は、多数者の政治の方がよい知恵を生むが、また多数派による暴政に至ることもあると考えた。間接民主主義はこの暴政をコントロールできる十分な力がないのではないかと考え、言論の自由や個人の政治的自由の擁護に目を向けた。

ドイツの哲学者ハーバーマス（Jürgen Habermas, 1929 – ）も、市民社会の成員全体による「熟議デモクラシー」を提唱している。彼は政治過程を学習過程と捉え、人々は討議や交渉を通じて他者の視点を取り入れ、共通善の発見を行なう能力を身につけていくと述べる。そして理性的な合意形成が目指されていくのである。

また、ベルギー出身の政治学者ムフ（Chantal Mouffe, 1943 – ）も、市民の直接参加型の「ラディカル・デモクラシー」を主張する。彼は民主主義の重点を「合意形成」というよりも「差異の表出」に置く。多元的な価値観の社会において、当然起きうる対立を解消しようとは考えない。むしろ、他者を「敵対性」を持つものとして捉えるのではなく、「対抗者」と捉えて、対立しつつ互いの正当性も認め合い、多元性を維持しながら常に友と敵の境界線を理解し直す「闘技的民主主義」を唱えている。

他の国々でも、インターネットなどを利用して直接民主制を模索している人たちもいる。

矛盾の思想家あるいは純化の思想家

ここまでは、ルソーの思想をなんとかまとめて述べようとしたのだが、ルソーに関しては様々な解釈が存在している。以下、その一端を紹介したい。

まず、ルソーを「矛盾の思想家」と捉える見方もある。細川亮一はそうした従来のルソー解釈を以下のように述べている。

> 思想の矛盾と見えるのは、ルソーが極めて多方面にわたる仕事をしていることに起因する。（中略）しかし単に多様なだけでなく、こうした著作の間での矛盾が指摘される。『エミール』と『社会契約論』との矛盾（人間と市民の矛盾、自然宗教と国家宗教との矛盾）。『人間不平等起源論』と『社会契約論』との矛盾（個人主義と集団主義との矛盾、自然法と契約論に関する不整合）。自然法をめぐる『人間不平等起源論』と『エミール』との矛盾[13]。

そして細川は、ルソーにおける人間と市民の統一の試みとして、いくつかの例を挙げている。

> カントがルソーのうちに読み取ったのは「人間と同時に市民を育成する教育」、同時に人間であり市民である者をつくることである。（中略）カントはルソーの思想の統一性を教育による「人間と市民

> の統一」のうちに見出したのである[14]。

しかし細川は、ルソーを矛盾と統一の観点から捉えるのではなく、各々の方向性を持った「純化の思想家」として捉えることを提示している。

> ルソーは自然の道（ピュシス）と脱自然の道（ノモス）を相互に純化し、『エミール』と『社会契約論』へと具体化した。『エミール』の世界は自然の秩序に従い、実定法から独立した自然法（ピュシス）が支配する世界である。『社会契約論』の世界は人間を脱自然化し、自然法から独立した実定法（ノモス）が支配する世界である。この相互純化によって、それぞれ独自の倫理学（人間論）と政治学（国家論）が初めて可能となった。自然と脱自然への純化は、自然と国家を完全に分離し、一方において自然の発見（人間の発見）へ導き、他方において自然法から独立な国家（完全な人為による国家の創設）の構想を可能にしたのである。「ピュシスとノモス」という二つの原理をそれぞれ「自然と脱自然」へと純化し、その純化された理念を『エミール』と『社会契約論』として具体化したこと、ここにルソーの思想の独自性がある。ルソーはその矛盾を統一へともたらさなければならない矛盾の思想家ではない。ルソーは純化の思想家であり、この純化の力こそがルソーの思想を独自の思想たらしめたのである[15]。

それは具体的には、以下のように述べられている。

> 家庭教育は「自分のために育てる」という仕方で人間をつくるが、それは「他人のために」と反するわけではない。公教育は「他人のために育てる」という仕方で市民をつくるが、それは「自分のために」を排除するわけではない。（中略）人間は人間愛から義務を果たし、市民は祖国愛から義務を果たす。義務を果たすことは、「他人のために」であるとともに、法（自然法、国家法）への服従としての「精神的自由」を獲得し、有徳な者となるという意味で、つまり「自由な動因と完成能力」の実現として、「自分のために」でもある。人間も市民も社会（一般社会、特殊社会）のうちで他の人々とともに生きているのであり、「自分のために・他人のために」生きる。（中略）確かに人間と市民は両立不可能であり、「人間か市民かの選択」をしなければならない。しかしこの二つの選択肢は幸福になるための唯一可能な二つの道として構想され、ともに社会のうちにあって、「自分のため・他人のため」という条件を満足させる。[16]

細川は「自然の秩序」のもとでの「人間」と「国家の秩序」のもとでの「市民」という二つの理念型の他に、「神の秩序」のもとでの「孤独な散歩者」という理念型が、自己探究を通して創造されたと述べる。三つは相互に相反しているが、幸福、自由、秩序、神への同一の志向で創造されている。ルソーの思想はこの三つの理念型のもとに統一的に理解されると細川は述べている。[17]

浅田淳一もまた、ルソーが physique な人間と morale な人間とを峻別していることを指摘している。浅田は、次のように述べている。

ルソーは、彼の最初の直感「自然は人間を幸福で善良なものにつくったが、社会が人間を堕落させ悲惨にした」から出発して、人間をその悲惨から救済し、人間を固有の意味での人間にするための二つの道を考えたのだということがわかるのである。すなわち、①自然法に自らの意志で自律的に従い、人間愛に目覚めることによって、人類の幸福の内に自らの幸福を感じることができる「社会の内に生きる自然人＝エミール」＝「人間 l'homme」を育てる道と、②自らが設立した国家法に自らの意志で自律的に従い、祖国愛に目覚めることによって、同胞の幸福の内に自らの幸福を感じることが出来る「市民 le citoyen」を形成する道がそれである。[18]

第9章　義務論
——カント

あるたとえ話

昔々、ある村でおじいさんが畑仕事をしていた。太陽は中天高く昇り、緑の香りを含んだ爽やかな風が吹いていた。少し離れた馬車の停留所に、つばの広い帽子をかぶって、大きなリュックを足元に置いた男が立っていた。村では見慣れない顔だった。ふと気がつくと、近くの茂みに、村の少年が身をひそめているのが見えた。時々、度を越した悪さをしてはみんなに迷惑をかけている少年だ。次の瞬間、男の帽子が風で飛ばされ、男はリュックを置いたままそれを追いかけた。そのすきに少年はリュックに駆け寄り、中から茶色の布袋を一つ手早く抜き出して逃げていった。おじいさんが男に声をかけようとした時、馬車がやってきて、帽子を手にした男はリュックを急いで背負うと馬車に乗り込んだ。程なく馬車は出発した。

しばらくしておじいさんは逞しい息子をつれて少年のよく立ち寄る店に向かった。そこで茶色の布袋を手にした少年を捕まえた。袋の中身は、村の記念館に大切に保存してあった文化財の歴史のある美術品だった。リュックの男は、美術品窃盗犯だったのだ。「もっと金目のものが入ってると思ったのに、とんだガラクタの骨董品だ」と価値のわからない少年はがっかりして言った。

　問題は少年の扱いをどうするかだった。村の意見は二つに分かれた。ある村人は「この少年はいい人だ。おかげで村の宝が盗まれずにすんだのだから。何かご褒美をあげるべきだ」と言い、他の村人は「この少年は悪人だ。自分が金を手に入れようと人のものを盗んだのだから。相応の罰を与えるべきだ」と主張した。村の意見は二つに分かれ、結局、村長に決めてもらうことにした。さて、あなたが村長だったら、どちらの意見に賛成するだろうか。

　この章で扱う義務論のカントは、「悪人だ」という方に一票を入れるだろう。結果がどうあれ、少年はよくない心がけで盗みを働いたのだから。しかし、功利主義のベンサムやミルは、「いい人だ」という方に票を投じるかもしれない。結果的に村のみんなの利益を守ってくれたからである。どちらが正しいとも言えないが、どうして両者が正反対の意見になるのかを見ていくことで、人間と正義についての新しい視点が得られるかもしれない。

カントの生涯

徳川吉宗が八代将軍を務めていた頃、東プロイセンの首都ケーニヒスベルクで馬具職人の四男としてカントは生まれた。バルト海に面したケーニヒスベルクはのちにドイツ領になり、そして現在ではロシア領カリーニングラードになっている。彼は八十年の人生を人口数万人のこの町から離れることなく過ごした。国際的な港町であり、様々な人の交流と豊富な物の流通があったためである。本人も「旅行などしなくてもここで人間知と世界知を獲得できる」と述べている。

一七四〇年に入ったケーニヒスベルク大学では、はじめ神学を志していたが、哲学や論理学、そしてライプニッツやニュートンの自然科学などを学んだ。卒論は物理学の論文だった。その後家庭教師をしながら、太陽系の起源についての画期的な論文を発表した。これは、回転する高温ガスの塊が重力で収縮して中心に太陽をつくり、遠心力で飛び出したガスが冷却して惑星になったとする説である。後にフランスの数学者ラプラスも同じ説を唱えたことから「カント・ラプラス説」として今も評価を得ている。一七五五年に同大学の私講師になり、大学からの給料ではなく、学生から直接もらう聴講料で暮らしを立てたが、彼の講義はいつも大人気だった。一七七〇年、四十六歳の時にケーニヒスベルク大学から哲学教授として招聘された。以後、カントは引退までこの職にとどまり、地理学、自然学、人間学など様々な講義を担当した。六十歳近くになって『純粋理性批判』『実践理性批判』および『判断力批判』の有名な「三批判書」を著わした。晩年にはケーニヒスベルク大学総長を務めた。

彼は両親の影響により正直で神に敬虔で、生涯独身だった。日課を忠実に守り、五時起床、十時就寝、朝のお茶は二杯飲んで、少し研究した後、午前中は講義など大学の公務を行なった。帰宅後の散歩のコースや時間もきっちりと決まっていた。住民は窓から見えるカントの姿を見て時計を合わせたという逸話も残っている。一度、いつもの時間にカントが散歩に出てこないので、周囲の人々は何かあったのかと騒ぎになったことがあったほどで、その日彼はルソーの『エミール』を読みふけっていた。しかし彼は単に生真面目なだけの人間ではなく、友人を集めて楽しく会食した。社交的でスタイリッシュで、食卓では市の参事官や外国から来た商人や軍人などとの会話を楽しんだ。彼は「真の人間性にはよい仲間との食事が似合う。一人で食べる哲学者は不健康だ」と言っていたらしい。ウィットに富む談話を好み、世界の最新情報にも通じ、その話題の広さには会食者も感嘆したという。

カントの目標

カントが生まれる前の一六八七年に、ニュートンが引力の法則を発表し天体の運動の法則を解明していた。カントは考えた。「自然の物の世界」は物理学の法則で動いている。では、人間も何らかの法則で行動しているのか、それともまったく自由に行動しているのか。自分のやったことに責任が問われるのは、自由に選んだ行為だからではないのか。自由と法則性はどうつながるのか。

ところで、法則で動いている「自然の物の世界」って何だろう。それはわれわれに切り取られた「現象」にすぎず、「真実の世界」ではない。

カントは「真実の世界」を「物自体」と呼んだ。しかしそれはわれわれには理解不可能だ。なぜなら、「物自体」には様々なものが含まれるが、われわれは自分たちの心に備わった仕組みで認識できるものしか経験できないからだ。見る、聞く、触る、空間的にわかる、時間の経過がわかる、比べる、原因があって結果がその次に来る、などの捉え方によって取り出したものが「現象」として、われわれの「認識できる世界」として現われているだけなのだ。だから、電波だけで世界を認識している宇宙人、超音波で世界を認識しているコウモリ、われわれとは別種類の心を持った生き物、認識機能を持ったロボットなどには、われわれとは別の世界が広がっているかもしれない。「別の世界とは別の場所ではなく、別種の直観にすぎない」。つまり「世界」は認識の仕方でいろんな現われ方をする主観的なものなのだ。でも、われわれの認識の仕組みである時間や空間などはみんなに共通の普遍的なものだから、それに基づく認識は客観的でもある。カントは、こうした仕方で、認識の普遍妥当性を基礎づけた。

しかしこのことは、主観では知ることができない実在や、現象としてあらわれない実在に対しては認識できないということを意味している。事実、カントは現象の背後にある事物そのもの＝「物自体」は認識できないと言い、われわれの認識の妥当する領域は、経験する範囲に限られているとした。

カントは、「外的現象の世界は実在する」というそれまでの常識を打ち破った。これが「コペルニクス的転回」と言われるものである。コペルニクスが、地球が不動であるというそれまでの見解を打ち破って地動説を述べたように、カントは「主観が自然を作り出す」と言い、それまでの見解を一八〇度転回させたことから、自分をコペルニクスになぞらえたのである。

そして、科学もこの「認識できる世界」の記述でしかない。他方、われわれが無視しようと思っても無視できない神の存在やわれわれの魂の存在は、「認識できる世界」を成り立たせ、「認識できる世界」を越えている。では、そのような宗教的信念や倫理的信念、さらには現象だけでは捉えられない私の魂＝私自身については語ることができないのだろうか（これはプラトンの「洞窟の比喩」を思い出させる）。また、この宇宙の全ての物質の動きは科学の法則で縛られているが、人間の身体という物質もそうなのか、それとも、身体は自由な意志によって自ら動く可能性はあるのか。その時、物理的な法則とは独立に倫理的な法則は成り立つのか。

カントは「理性を自然にかんして思弁的に使用すると、世界には何らかの究極の原因が存在するのは絶対に必然的であることが結論される。また理性を自由にかんして実践的に使用すると、理性的な存在者そのものの行為の法則が絶対に必然的であることが結論される[1]」と述べている。坂部恵（1936－2009）は、その経緯について以下のように記述している。

「ニュートンは、彼以前のひとびとが、無秩序な多様性だけを見たところに、はじめて、きわめて単純な秩序と規則を見出した。それ以来、彗星は幾何学的な軌道をめぐっている。ルソーは、人間の見かけ上の多様な諸形態の背後に、深く秘められた人間の本性と、摂理の正しさを示すかくされた法則を、発見した。それ以前は、まだアルフォンソやマニの異説が通用していた。」一七六〇年代のなかばごろ、カントは、すでに、『美と崇高の感情に関する観察』への「覚え書き」のなかで、このようにいっていた。また、これもすでにわれわれがみたように、『視霊者の夢』（一七六六）のなかでは、ルソー的な「一般意志」の立法によって律せられる自由な自律的人格の共同体が、万有引力の法則によって律せられる天界の秩序に比せられてもいた。カントが、すでに早く、すくなくとも一七六〇年代のおわり頃から、このような自由な自律的人格の形づくる共同体の基本的な枠組をあきらかにすべき「道徳形而上学」の構想を抱いていたゆえんである。[2]

カントの倫理的な問題意識は「自由な自律的人格」から始まった。

善い意志・理性

カントは『道徳形而上学の基礎づけ』の第一章の冒頭で次のように述べている。

この世界のうちで、いなそれどころかこの世界の外においてすらも、無制限に善いと見なしうるものがあるとすれば、それはただ善い意志のみであって、それ以外には考えられない。[3]

絶対的に善であるものは「善い意志」だけである。[4] それは、道徳法則を守ろうとする意志である。カントの主張では、あらかじめ善の定義があって、しかるのちに「善い意志」が出てくるのではなく、「善い意志」の対象として善が定義される。

さて、人間の目的が「幸福」すなわち「順調な生の維持」だけであるなら、自然な本能の働きだけで十分である。しかし、われわれには「理性」が与えられている。その働きは、「善い意志」に影響を与えて、「ただ単に生きる」のではなく「善く生きる」ことを目指させることにある（ある意味ソクラテスと問題意識を共有している）。これが人間の「真の目的」である[5]。

そのためには、本能的な、あるいは直接的な傾向性に従うのではなく、「義務」に従わなければならない。逆の言い方をすれば、「義務」に従って行為する意志こそが「善い意志」なのである。

彼は「道徳の最高原理は一切の経験に依存せずに純粋な理性に基づいている」と述べる[6]。そして人間においては意志とは理性である[7]。この理性の命じる法則が、「定言命法」である。

定言命法

倫理的な善さや正しさ、永遠の価値といったものは、「認識できる世界」の外にある。しかし、理性的な存在であるわれわれは「善さや正しさに拘束されている」ということは理解できる（この考え方はプラトンやアウグスティヌスの項でも登場した）。正しい行為の原則だけが、全ての社会に矛盾なく整合的にそして理性的に取り入れられる。

カントが「善い意志」の原理としたものは、「法則に合致していること」だけであった。その意味でカントの倫理学はきわめて「形式的」なものと言える。彼は、道徳心は経験からは得られないという。義務は経験的な概念ではないのだ。そもそも、純粋な形式によって道徳を規定しないと、主観的な目的や利己主義に引きずられてしまう危険があるのだ。

そのことを彼は「定言命法」で表わした。理性的に受け入れられる倫理的法則は「誰にでも採用されるもの」、「行為の格率が普遍的法則となることを意欲することができる」ものでなければならず、そうでないものは倫理的「法則」にはならない。この倫理的法則は「〜すべし」「〜するな」という「認識できる世界」を越えたところからの単純な命令の形をしている。これを「義務」と捉えてもよい。

これに対して「認識できる世界」の命令は、原因と結果の関係や物理的な欲望に基づく「仮言命法」、つまり「もしAをしたければ、Bをせよ」という仮定法（条件文）に基づく命令だ。欲望の対象であるAが行為の目的になり、その目的としたものが結果として得られれば、行為はBでなくてもCでもDでも、極端な場合行為すらしなくてもよくなる。たとえば、「もし人に信用されたければ嘘をついてはいけない」、「もし成功したければ努力しなさい」などは、「もう誰からも信用されなくてもいい」と開き直ってしまえば、嘘をついてもいいことになり、努力しないで成功したら素晴らしく、努力したのに成功しなかった場合は努力は無意味になる。これは行為の「対象」に関わっているだけである。これでは行為の法則にならなくなる。

人に信用されようがされまいが、とにかく「嘘をついてはいけない」のであり、成功しようがしまいが、「努力せよ」ということが大切なことなのだ。「行為そのもの」への関わりが義務なのだ。

つまり「善・悪」は、「認識できる世界」の「結果」に関係なく、はじめから「物自体」として存在している（たとえば「結果にかかわらず戦争は絶対悪だ」という考えは形式としてはこれに近い）。そして、無条件に善いとされるのは、「善い意志」を持つことだ。なぜなら、われわれがふつう善いものと思っている頭の良さやお金などは、使い方によっては悪用される可能性があるが、その使い方を決めるのが意志の力だからだ。

そして「定言命法」つまり普遍的な倫理的法則に、自分の行動を自ら進んで自律的に従わせるところに「自由」がある。つまり、「自然の物の世界」は物理法則によって決定されているので自由はないが、「物自体」とそこにある倫理的な善さや正しさはいかなる物理法則の拘束も受けてない。「物自体」であるわれわれの魂が「物自体」である善や正義と関わるところに「自由」があるのだ。そして、「物自体」であるわれわれの魂こそが「人格」なのである。実際、カントは道徳法則の根拠として「人格」を登場させている。その過程を見ていこう。

> それの現存それ自体が絶対的価値をもち、目的それ自体として、一定の法則の根拠であることができるようなあるものが存在するとすれば、そのもののうちに、そしてそのもののうちにのみ、可能な定言命法の根拠が、すなわち実践的法則の根拠が存在することになろう[8]。

定言命法つまり実践的法則には「根拠」が存在するとカントは述べる。その根拠とは何だろうか。

> さて、私は言う。人間および一般にあらゆる理性的存在者は、目的それ自体として現存し、あれこれの意志によって任意に使用される手段としてのみ現存するのではなく、自分自身にむけられた行為においても、他の理性的存在者にむけられた行為においても、あらゆる行為においてつねに同時に目的

> として見られなければならない、と。（中略）その現存がわれわれの意志にではなく、自然に基づいている存在者でも、その存在者が理性をもたない存在者である場合は、手段としてただ相対的価値をもつにすぎず、それゆえ物件とよばれる。これに反して、理性的存在者は人格とよばれるが、その理由は、このものの本性がこのものをすでに目的それ自体として、すなわちたんに手段としてのみ用いてはならないものとして、際立たせており、したがってその限りにおいて〔このものに対する〕あらゆる随意を制限する（そして尊厳の対象である）からである。[9]

実践的法則の「根拠」は、「絶対的価値を持ち、目的それ自体である存在」である。それは、「理性的存在者」である「人格」である。この「人格」こそがカントの倫理学の一番の基本であると考えてもよいだろう。以下、その点について見ていこう。

善悪の基準＝「人格の尊重」

カントの倫理学は「形式的」であると述べたが、「人格」は「その現存それ自体が目的である」ような「客観的目的」である。彼が、あらゆる理性的存在者に等しく妥当できるという意味で客観的に、かつ実質的に、最高の価値を置いたのは、この「人格」だった。したがって、善悪の基準は「人格の尊重」にあると言ってもいいだろう。先の引用にもあるように、カントはこの自由の主体である「人格」を、「物件」と対比している。

「物件（Sache ザッヘ）」とは、物体や動物などだ。これらは他の物で置き換え可能なもので、手段としての相対的な価値しか持っていない。つまり、役に立つから価値がある、というものである。そして、自然の法則や本能に従って動いているだけである（なお、大切な人からもらった品や家族の一員として暮らしている犬などは、次に述べる人格の要素が付随しているので除外していいかもしれない）。

一切の被創造物のなかで、我々が欲しまた意のままに処理し得る一切の物は、手段としてのみ使用され得る。ただ人間だけは、また人間と共に他のいかなる理性的被創造物も、目的自体である、まことに人間は、道徳的法則の主体である。この主体は、彼の自由による自律の故に神聖なのである[10]

目的の国においては、すべてのものは、価格をもつか、尊厳をもつか、そのいずれかである。価格をもつものは、そのもののかわりになにかほかのものが等価物とされることができる。これに反して、あらゆる価格を越えていて、したがっていかなる等価物もゆるさないものは、尊厳をもつのである。（中略）あるものがその下でのみ目的それ自体であることができる条件をなすものは、たんに相対的価値すなわち価格をもつのではなく、内的価値すなわち尊厳をもつのである[11]。

「人格（Person ペルゾン）」とは「物件」に対して、「かけがえがない」、すなわち他で置き換え不可能な存在である。それ自体が存在していることに価値があり、尊厳という内在的で絶対的な価値を持つものである。自分の行為を自分で選べる「自由な行為の主体」であるわれわれ人間は、この「人格」だ。それは、ただ存在しているだけで価値がある。したがって、「使えない奴」とか「役に立たないからダメだ」、と評価することはできない。自分の人格も他人の人格も「いつでも同時に目的として扱い、決して単なる手段としてのみ扱わないように行為しなさい」とカントは述べている。彼の思想は「人格主義」とも呼ばれる。この世で一番大切なものは、他人と自分の人格である。したがって、他人と自分の人格を尊重することが善、損なうことが悪である。

> およそ目的の秩序においては、人間（人間と共に一切の理性的存在者）は、目的自体であるということ、――換言すれば、この場合に人間は同時に目的そのものでもあるということを顧みずに、何びとによっても（神によってすら）単に手段として使用され得るものではないということ、それだからまた我々の人格における人間性は、我々にとって神聖でなければならないということが、ここにおいておのずから明らかになった[12]。

カントは『実践理性批判』の「結び」で以下のように述べている。

> ここに二つの物がある、それは――われわれがその物を思念すること長くかつしばしばなるにつれて、常にいや増す新たな感嘆と畏敬の念とをもって我々の心を余すところなく充足する、すなわち私の上なる星をちりばめた空と私のうちなる道徳法則である。（中略）第二のものは、私の見えざる「自己」すなわち私の人格性にはじまり、真実の無限性を具えて僅かに悟性のみが辛うじて跡づけ得るよ

うな世界〔可想界〕において、〔可想的存在者としての〕私をあざやかに顕示する。(13)

畏敬と感動のうちにわれわれの心を満たしてくれる「我が上なる星と我が内なる道徳法則（Der bestirnte Himmel über mir, und das moralische Gesetz in mir）」、その後者は「人格性（Persönlichkeit）」に根源を持つ。彼は続けてこう言っている。動物的な被創造者としての私は、しばらく生きた後に、身体を構成している物質を地球に返却する。しかし道徳法則の世界では、私は人格性を通じて、動物性や感性の世界にかかわることなく、価値を持つ生を開示するのである。

義務

彼の義務の基準も、この「人格の尊厳」に基づいている。彼は、絶対にそうしなければならない義務を完全義務、状況が許す限りはした方がよい義務を不完全義務とした。

そして、自分に対する完全義務として「自殺をするな」、他人に対する完全義務として「守るつもりのない約束をしてはいけない」、また、自分に対する不完全義務として「向上の努力をせよ」、他人に対する不完全義務として「親切にしなさい」などを挙げている。

全ては、「普遍的な法則になりえるか」「自分と他人の人格を大切にしているか」という観点から述べられる。たとえば「自殺の禁止」の場合、「自殺」は、生きながらえると不幸になるために自愛の気持ちからなされるが、生命を促進する自愛が生命を破壊することになるため、普遍的な法則になりえない。そもそも、道徳性の主体としての人格を破壊することでもある。他の義務も同様な事情にある[14]。そして、みんながこれに反するような社会は成り立たないが、みんながこれを守る社会はいい社会になるだろう。

われわれには情念的な欲望（楽をしていいものを手に入れたいなど）があるが、それらをはねのけて、義務に従って行動することこそが、道徳的な価値を持つ（だから「義務論」と呼ばれている）。意図してはいないが結果として義務にかなったことをした場合は、単なる合法性であって、道徳性とは言えない。善い意志によって義務にかなったことをした時にはじめて、道徳性に適った行為となるのである。そして、善い意志があったかどうかを知ることができる者は結局は自分自身しかいないので、「内面の法廷」と呼ばれている。

つまりカントは、本当の自分自身である「理性」と、自然的な欲望や利害打算といった「情念的なもの」とを対比させ、理性が情念や感情や欲求による支配をはねのけて、自分自身の行動をコントロールするという図式で考えているようだ。これを「自律」と呼び、この状態こそが「自由」であると考えた。

よい嘘・よい戦争（カント）

ところで、嘘や戦争は、全部悪いものだろうか、それとも、よいものも、あるのだろうか。カントの場合、それらは全て、結果に左右されない絶対悪である。まず、嘘は相手に対して誠実に振る舞っていない、すなわち、相手の「人格」を大切にしていないことになる。人のためになる嘘ならいいのではないか、と思われる人もいるだろうが、カントは「嘘をつかなくても、人のためになることは可能だ」と要求のハードルが高い。

また、戦争についても、国家もまた人格なので、国家同士の戦いは互いの人格を尊重していないのでよくないと『永遠平和のために』で述べている。

> つまり国家は、（国家が場所を占めている土地のようなぐあいに）所有物（財産 partimonium）ではない。国家は、国家それ自身以外のなにものにも支配されたり、処理されたりしてはならない人間社会である。ところがそれ自身が幹として自分自身の根をもっている国家を、接ぎ枝としてほかの国家に接合することは、道徳的人格である国家の存在を廃棄し、道徳的人格を物件にしてしまうことで、したがってこうした接合は、民族についてのいかなる法もそれなしには考えられないような、根源的契約の理念に矛盾する。[15]

もちろん個々の人格も傷つきあるいは失われるため、なおさら戦争は許されない。

自由（カント）

最後に、カントの「自由」についてもう少し付け加えておきたい。カントの考える自由とは、欲望や情念のおもむくままに好き勝手なことをするのではなく、そういう欲望や情念から理性的な意志が自立し、自律的に行為することだと先に述べた。つまり、今、欲望に流されてやりたいことをやるのではなく、本当にやるべきこと、すなわち本当にやりたいことをやることこそが自由なのである。たとえば、「眠いから一限目の授業をサボりたい」と思ったとしよう。しかし、本当に望んでいるのが授業に出ることだったら、サボるのは欲望（睡眠欲）に支配されている。欲望によって、「自己の向上の努力の義務」が妨げられているのである。そして、何かに支配されている以上は、自由な行為ではないことになる。この自由の考え方は、次に述べる功利主義（ミル）の自由、すなわち「他人に危害を加えなければ、何をしてもよい」という原則から導かれる「自分がサボっても誰にも迷惑がかからなければ、サボるのは自由だ」という考え方とは、かなり違っていることに注意しておこう。

第10章　功利主義
——ベンサム、ミル

ベンサム（*Jeremy Bentham, 1748 - 1832*）

ベンサムの生涯

江戸時代後半頃、ヨーロッパでは、フランス革命や産業革命を経て、資本主義が発達し始めた。イギリスでは資本家と労働者の貧富の差も増大し、生活のために子どもたちまでもが、工場で虐待を受けながら働かされたり、狭い炭坑で石炭を積んだトロッコを運ばされたりした。社会科の教科書でそのような挿絵を見た記憶がある人もいるだろう。

こうした時代のただ中で、前述のカントが二十四歳の時、イギリスのロンドンでは、裕福な法律家の家でベンサム（ベンタムと読まれる場合もある）が生まれた。彼は矛盾に満ちた社会を改革する道を歩むことになる。

ベンサムは三歳からラテン語を学び、十二歳でオックスフォード大学に入る。そこで法学界の重鎮ブラックストーンの講義を聞くが、イギリスの矛盾に満ちた社会を非科学的な自然権によって説明する自然法理論に疑問を抱いた。法や政治を、自然科学と同等の精密な科学にすることがベンサムの目標となった。

二十一歳で弁護士資格を得て将来は法律の世界で活躍することが期待されたが、イギリスの法の複雑さに不満を抱き、法への批判と改良へ向かった。ブラックストーンの批判書である『統治論断片』で批判的法学を展開し、『道徳および立法の諸原理序説』によって社会科学の革新を目指した。

のち、ジェームズ・ミル（次で述べるＪ・Ｓ・ミルの父）と知り合い、民主主義的な政治の改革に取り組んだ。死の直前に選挙法改正法が成立したのを聞いた直後に幸福のうちに亡くなった。彼の遺体は後世に役立つようにという遺言によってミイラとなってロンドン大学に今も安置されている。集会の権威づけに一役買ったり、学生が寄付を求めるために頭を盗み出した事件が起こったりと、様々な意味で役に立っているようにも見える。

善悪の基準＝「最大多数の最大幸福」

ベンサムは名誉革命や産業革命の後のイギリス社会の抱える矛盾に対して、民主主義的な改革の理論として「功利主義」を提示した。功利（utility）とは「役に立つことを作り出す性質」という意味だ。『統治論断片』で「善悪の尺度は最大多数の最大幸福（the greatest happiness of the greatest number）」であるという基本公理を掲げた。これは「功利性の原理」とも呼ばれる。

革新の基礎として最も良く役立つはずだと思われる考察のなかには、これまで不完全にしか気付かれなかったか、あるいはまったく気付かれることのなかった事実問題の考察であったために、提出される時には発見の名を帯びることができるように思われるものもある。つぎの基本公理、すなわち正邪の尺度は最大多数の最大幸福であるという公理の諸帰結はまだ、一定の方法と正確さをもって展開されたことはないのである[1]。

ある行為や法律が正しいか間違っているかの基準は、それが社会のなるべく沢山の人々のできるだけ多くの幸福を増進させるか減少させるかということである。ここには、行為が「結果として」何を生み出すかが全てだとする「帰結主義」の考え方が採用されている。

幸福＝「快楽」＝善

では、「幸福」とは何だろう。彼は『道徳および立法の諸原理序説』において、「自然は人類を苦痛と快楽という二人の主権者の支配の下においてきた」と述べている。つまり、（おそらく他の動物と同じように）人間の行動原理は、快楽を求め苦痛を避けることである。

> 自然は人類を苦痛と快楽という、二人の主権者の支配のもとにおいてきた。われわれが何をしなければならないかということを指示し、またわれわれが何をするであろうかということを決定するのは、ただ苦痛と快楽だけである。一方においては善悪の基準が、他方においては原因と結果の連鎖が、この二つの玉座につながれている。苦痛と快楽とは、われわれのするすべてのこと、われわれの言うすべてのこと、われわれの考えるすべてのことについて、われわれを支配しているのであって、このような従属をはらいのけようとどんなに努力しても、その努力はこのような従属を証明し、確認するのに役だつだけだろう(2)。

快楽（快楽という言葉に抵抗があるのなら、快適さ、と言い換えてもいいだろう）は善であり幸福であり、苦痛は悪であり不幸である。このような考え方を「快楽主義」と呼ぶ。この主張が正しい証拠に、「幸せな時ってどんな時？」と尋ねられたとき、われわれは、美味しいものを食べている時、一汗かいた後でビールやジュースを飲んでいる時、お風呂に浸かって極楽極楽とつぶやいている時などをイメージするのではないだろうか。幸せな生活をイメージした場合でも、エアコンの効いた家の中で夏は涼しく、冬は暖かく過ごし、十分に食べるものがあり、好きな服や音楽などを楽しみ……と、快適な生活をしている自分をそこに見出すだろう。

快楽計算

自分が「功利の原理」に従って行動するには、個人の幸福の最大量を算出する必要がある。彼は快楽を、強度・持続時間・確実性・近さ遠さ・多産性・純粋さ・及ぶ範囲・影響を受ける人々の数、の基準に従って計算する「快楽計算」を提唱する。快楽はプラス、苦痛はマイナスだ。その場限りの快楽はプラスでも、後で後悔すればマイナスになる。

それでは社会全体の「最大多数の最大幸福」はどのように達成されるのだろうか。彼は「社会の利益」を、「社会を構成している個々の成員の利益の総計」だと述べている。

> 社会とは、いわばその成員を構成すると考えられる個々の人々から形成される、擬制的な団体である。それでは、社会の利益とはなんであろうか。それは社会を構成している個々の成員の利益の総計にほかならない。個人の利益とは何かということを理解することなしに、社会の利益について語ることは無益である。あることが、ある個人の快楽の総計を増大させる傾向をもつ場合、または同じことになるのであるが、その個人の苦痛の総計を減少させる傾向をもつ場合には、その個人の利益を促進する、またはその利益に役だつといわれるのである。したがって、ある行為が社会の幸福を増大させる傾向が、それを減少させる傾向よりも大きい場合には、その行為は〔社会全体について〕功利性の原理に、短くいえば、功利性に適合しているということができる。ある政府の政策（中略）は、前の場合と同

様に、社会の幸福を増大させる傾向が、それを減少させる傾向よりも大きい場合には、功利性の原理に適合している、または功利性の原理の指図を受けているということができる[3]。

施策も法も、全員の幸福量が総計して最大になるように設定されねばならない。そして計算にあたっては、自分だけを、あるいは有名人やお金持ちを、特別扱いはしない。「各人はこれを一人として計算して、誰も一人以上に計算してはならない」のである。ここには人格の平等という考えが見られる。

制裁

ベンサムは、個人の利益の最大化が社会の利益の最大化と一致しない、あるいはそれを損なう事例についても目配りをしている。たとえば、他人から盗むことによって自分の利益を増大させることなどである。そこで、社会に不利益を与えた場合は、それによって個人が得られる利益よりももっと大きな不利益を与えることで、個人の利益と社会の利益を一致させる行為に導くことを考えた。

そこで彼は、功利の原理を守らない利己的な人間には、自然的制裁（飲み過ぎて健康を損なう等）、刑罰などの政治的（法律的）制裁、非難を受けるなどの道徳的制裁、神罰への恐れなどの宗教的制裁が加えられると主張した。この中で彼が一番重く見たのは、政治的制裁であり、この考えに基づいて彼は法制改革に取り組むことになる。

ただし、サンデルは『これからの正義の話をしよう』の中で、最大幸福と人格や人権とが対立するいくつかのケースを例示している。[4] たとえば、マンハッタンに核爆弾を仕掛けたテロリストから爆弾の所在を聞き出すために拷問を行なってもいいか、というものである。そこでは一人の人権と何千もの生命が秤にかけられている。多くの人は拷問も致し方ないと思うのではないだろうか。

しかし、テロリストが痛みに強くまったく口を割らない場合、彼の幼い娘を探してきて拷問してもいいだろうか。人格や人権と最大幸福の問題は時に困難さを伴う。これはまた、たとえ一人であろうと「人格の尊重」を唱えたカントの義務論と、「最大幸福」の原理を提唱する功利主義とのせめぎ合いの場面かもしれない。しかし、われわれの民主主義は、どちらにも価値を置きつつ、それらの調整の上に成り立たせていかなければならないとも言える。

ベンサムへの批判

ベンサムの考え方には、多くの批判も集中した。まず、「快楽主義は人間らしい考え方ではなく、豚にふさわしい学説ではないか」（実際はきれい好きで嗅覚も優れていて賢い豚には気の毒だが）という非難、そして「自分の快楽を追求する利己主義は社会全体の利益と矛盾するのではないか」という非難、また「幸福は量的に計算できるのか」といった非難などである。

こうしたベンサムの功利主義の欠陥を修正したのが、J・S・ミルである。

ミル（John Stuart Mill, 1806 - 1873）

ミルの生涯

彼はロンドンで、ベンサムの友人であるジェームズ・ミルの長男として生まれ、功利主義の後継者として期待されていた。学校へは行かず厳格な父親によって小さい頃から年中勉強させられた。三歳の頃からギリシア語、ラテン語、歴史、数学、経済学などの厳しい英才教育を受け、八歳で当時の学校や大学で広く読まれていた全てのラテン語とギリシア語の著作を読んでいた。経済的に安定して功利主義活動ができるようにと、十七歳で当時の一流商社である東インド会社に就職した。

ところが、二十歳の時に、父に決められたレールを歩んでいることに疑問を抱き、本人の言う「精神の危機」に陥った。それを、合理性より感受性を重視するロマン主義によって、また、社会活動家ですでに人妻であったハリエット・テイラーとの交友によって乗り越えた。ミルとハリエットは夫のテイラーの死没の二年後に結婚したが、ハリエットの急死によって結婚生活は短命に終わった。ハリエットの没後は末娘ヘレンがミルの支えとなった。

ミルはオックスフォード大学やケンブリッジ大学から研究の場を提供されたがこれを断わり、父と同様に一八五八年まで東インド会社に奉職した。退職後は政治家として婦人参政権や比例代表制などを主張し、その後執筆活動など行ないつつ六十七歳で病没した。日本で明治維新が行なわれてから間もなくの時期である。彼は論理学や経済学でも大きな貢献をしている。なお、『昆虫記』で有名なファーブルを支援し、一緒に植物採集などもしていた。

「満足した豚より不満足なソクラテス」

ミルが行なった功利主義の修正は、快楽主義や「最大多数の最大幸福」は認めつつも、快楽に質の差を設け、動物的で感覚的な快楽よりも、精神的な快楽に高い価値を置いたことである。[5] 精神的な快楽の方が肉体的快楽よりも安定して永続性があるからである。彼は『功利主義論』の中で、「満足した豚であるよりは不満足な人間であるほうがよく、満足した愚か者であるよりは不満足なソクラテスであるほうがよい」と述べている。

> 感受能力の低い者は、それを十分満足させる機会にもっとも恵まれているが、豊かな天分をもつ者は、いつも、自分の求めうる幸福が、この世では不完全なものでしかないと感じるであろうことはいうまでもない。しかしこういう人も、不完全さが忍べるものであるかぎり、忍ぶことを習得できる。そして、不完全だからといって、不完全さをまるで意識しない人間を羨《うらや》んだりしないだろう。不完全さを意識しないのは、このような不完全さをもつ（高級な）善を感じる能力が全然ないということだからである。満足した豚であるより、不満足な人間であるほうがよく、満足した馬鹿であるより不満足なソクラテスであるほうがよい。そして、もしその馬鹿なり豚なりがこれとちがった意見をもっている

としても、それは彼らがこの問題について自分たちの側しか知らないからにすぎない。この比較の相手方は、両方の側を知っている。[6]

たとえば、食べ物が少ししかないとき、自分の分を減らして他人に分け与えた場合、肉体の快楽は減少するかもしれないが、精神的な満足や快さが生まれる。彼はそこに、他人への愛情や全人類への同情に根ざした人格の尊厳を認めた。その根底には、キリスト教の「他人からして欲しいと思うことを、自分も他人にしなさい。自分を愛するように、あなたの隣人を愛しなさい」というアガペーの愛の精神がある。

ベンサムが倫理的行為の強制力として「制裁」を挙げたのに対して、ミルは「良心」や「同胞感情」「連帯感」を挙げる。精神的な快である幸福は、それ自体を目的としても得られない。何かを成し遂げた時や、他人の幸福をかなえた時、気づくとそこにあるのが「幸福」なのだ。

> 自分自身の幸福でない何か他の目的に精神を集中する者のみが幸福なのだ、と私は考えた。たとえば他人の幸福、人類の向上、あるいは何かの芸術でも研究でも、それを手段としてでなくそれ自体を理想の目的としてとり上げるのだ。このように何か他のものを目標としているうちに、副産物的に幸福が得られるのだ。[7]

こうして功利主義は利他的な人格主義に近いものになった。

よい嘘・よい戦争（ミル）

カントが、嘘や戦争を、「人格の尊重」が損なわれるとして絶対悪としたのに対して、功利主義の場合は「最大多数の最大幸福」を結果としてもたらす嘘や戦争は、「よい嘘・よい戦争」ということになる。たとえば、人助けのための嘘や人を喜ばせる嘘、自分を守るための嘘などは「よい嘘」ということになる。戦争も、テロを撲滅するための戦争や大量破壊兵器をなくすための戦争は、多少の犠牲が払われたとしても、その後で多大な人命を救うことになるため、「よい戦争」ということになる。二〇〇三年からアメリカが主体となって戦ったイラク戦争で、ブッシュ大統領は「わが軍は、敵には正義を、アメリカには名誉をもたらした」と演説している（大量破壊兵器の発見には至らなかったようだが）。

自由（ミル）

人間の幸福は、自分の精神的な発展に従って目的を設定しそれを追求するとき、気づくと、その傍にある。社会を幸福なものにするのは、そのような自主的で創造的な人間が増えていくことである。そのために必要な要素が「自由」であるとミルは考えた。

彼の自由についての考えは、『自由論』の中の、「人類が、個人的にまたは集団的に、だれかの行動の自由に正当に干渉しうる唯一の目的は、自己防衛（self-protection）だということである。すなわち、文明社会の成員に対し、彼の意志に反して、正当に権力を行使しうる唯一の目的は、他者にたいする危害の防止である」[8]という言葉に表われている。簡単に言えば、「他人に危害を加えない限り、何をやってもよい」ということが自由ということになる。

これは「他者危害（排除）の原則」と呼ばれている。われわれの中にも、子どもの頃に「人様に迷惑をかけてはダメだよ。迷惑をかけなければ、やりたいことを思う存分やってみなさい」などと言われた人もいるかもしれない。もちろん、少々の迷惑はお互い様だが、大きな迷惑や危害はいけないよ、ということだろう。この自由の考え方は先に述べたカントの考え方とはかなり異なっている。

自由を最大限確保することは各人の個性を伸ばすことにつながり、個性的な考えの人が増えることで、様々な状況に対応できる体制が成立し、安定した社会が持続していく。それは結局、「最大多数の最大幸福」を達成することになるのである。

なお、彼は民主主義を推進する一方で、多数者が少数者の自由を抑圧する「多数者の専制」という民主主義の危険についても考えていた。思想・言論の自由は、少数意見の尊重も配慮されねばならないのである。ミルの思想は明治期に日本にも紹介され、「天は人の上に人を造らず、人の下に人を造らず」で始まる『学問のすすめ』を書いた福沢諭吉などにも影響を与えた。

第11章　現代の正義論

正義をめぐるいろいろな主張

現代の世界では、正義はどのように捉えられているのだろうか。大まかに分類すると、正義とは「平等」であるという立場、「自由」であるという立場、そして「自由と平等」であるという立場が挙げられる。

「正義＝平等」……………社会主義・共産主義[1]

「正義＝自由と平等」……自由主義（リベラリズム）

「正義＝自由」……………自由至上主義（リバタリアニズム）

社会主義・共産主義：「正義＝平等」

社会主義や共産主義は、土地や工場などを含めた財産の共有によって「平等」な社会を目指した。社会主義の思想家として有名なのはドイツの経済学者カール・マルクスである。イギリス亡命中にロンドンの大英図書館で書いた『資本論』は社会主義の古典とされる。

マルクスは「ゴータ綱領批判」では、「能力に応じて働き、必要に応じて受け取る」という基準の実現を目指したとされる。国民がみんな国家公務員だと考えるとわかりやすいかもしれない。しかしこの基準では、労働意欲が湧かない人が増えて、生産性が低下する。また、共有財産を用いた計画経済は世界恐慌には強かったが、新しい市場の創造などの変化に弱く、非能率な企業が生き残ることにもなり、国全体が貧しくなっていった。

マルクスの『資本論』は資本主義の問題点を指摘し、疎外され搾取された労働者の革命によって、資本主義は崩壊し社会主義が生まれる、という予測をした。しかし、具体的な社会主義の理想形を提示していなかった。そのためロシアのレーニンや中国の毛沢東、北朝鮮の金日成などがそれぞれ独自の体制を築いた。しかしその多くは、個人や特権階級の独裁や不正などをもたらしたり、権威主義に向かうか、破綻に終わったりしているようである。[2]

ロールズ（*John Bordley Rawls, 1921 - 2002*）

自由主義（リベラリズム）：「正義＝自由と平等」

資本主義の国アメリカのボルティモアに生まれたロールズが一九七一年に刊行した『正義論（*A Theory of Justice*）』では、「自由で平等な格差のない決定」はどのように行なわれるのかが論じられている。

人々は、「自分の利益」になる決定に賛成する。その「自分の利益」は、自分の置かれている状況や立場によって違ってくる。たとえば、職業、収入、年齢、性別、住所、能力などである。

「自分の利益」に基づく多数決による決定では、おそらく公正な決定はできない。そこでロールズが持ちだすものが「無知のヴェール」である。ヴェールとはウエディング・ヴェールなどでおなじみの頭から顔を隠すようにかぶる薄い布のことである。ロールズは、それをかぶると自分の置かれている状況や立場がわからなくなるという「無知のヴェール」をかぶって決定を行なえば、公正な決定になると考える。こんな便利な道具はドラえもんも持っていないかもしれないので、一種の制約として仮定するしかない。

〈公正としての正義〉において、伝統的な社会契約説における〈自然状態〉に対応するものが、平等な〈原初状態〉（original position）である。言うまでもなく、この原初状態は、実際の歴史上の事態とか、ましてや文化の原始的な状態とかとして考案されたものではない。ひとつの正義の構想にたどり着くべく特徴づけられた、純粋に仮設的な状況だと了解されている。この状況の本質的特徴のひとつに、誰も社会における自分の境遇、階級上の地位や社会的身分について知らないばかりでなく、もって生まれた資産や能力、知性、体力その他の分配・分布においてどれほどの運・不運をこうむっているかについても知っていないというものがある。さらに、契約当事者たち（parties）は各人の善の構想やおのおのに特有の心理的な性向も知らない、という前提も加えよう。正義の諸原理は〈無知のヴェール〉（veil of ignorance）に覆われた状態のままで選択される。諸原理を選択するにあたって、自然本性的な偶然性や社会情況による偶発性の違いが結果的にある人を有利にしたり不利にしたりすることがなくなる、という条件がこれによって確保される[3]。

さて、自分の置かれている状況や立場がわからないという原初状態では、なぜ公正な決定になるのか。累進課税を例にとってみよう。もし自分が年収数億の場合、年収に応じて三割とか四割とか税率が高くなっても生きていけないというほどではない。しかし自分の年収が極端に少ない場合、累進課税を廃止して一律税率の課税にするとか消費税を上げるとか福祉の予算が削られるとかした場合、生きていけなくなる可能性だってありうる。われわれは最悪のリスクを避けたいと考えるので、最も恵まれない者の立場に立った決定を選ぶことになる。こうして、「無知のヴェール」をかぶった場合には、格差の最小化を目指す公正な決定が行なわれることになるのである。

正義の二原理

この場合に適用されている「正義の原理」は以下の二つ（内容的には三つ）である。[4]

第一原理：各人には平等な自由の権利がある。

第二原理：「格差原理」最も恵まれない者が有利になるなら不平等もオーケー。

（例：福祉のためなら累進課税もオーケー）

「公正な機会均等の原理」どんな職業や地位もみんなに平等に開かれていないといけない。

以上の原理の優先順位は、第一原理、「公正な機会均等の原理」、「格差原理」の順になる。機会均等のチャンスを重視した後に不平等の判定が行なわれるからである。

格差原理を支えているのは、個人の才能や境遇を社会全体の共通財産であるとする思想である。

> 生まれの不平等と自然本性的な〔才能や資産の〕賦存の不平等は不当なものであるため、なんらかの仕方で補償されなければならない。（中略）生まれつき恵まれた立場におかれた人々は誰であれ、運悪く力負けした人びとの状況を改善するという条件に基づいてのみ、自分たちの幸運から利得を得ることが許される。[5]

たとえばサッカーのバルセロナ所属のメッシ選手の年収が六十億円だったとしよう。ここでは、それは全て彼の力で得たものなのか、ということが問題にされる。次に述べる自由至上主義者は「彼の才能と努力が生みだしたのだから、全部彼のものだ」と言うかもしれない。だが、自由主義者のロールズはそうではないと考える。サッカーの才能は遺伝的に得られたもので彼本来のものではない。また、彼は努力したというが、努力できる才能も遺伝的なものである。さらに、彼がもし千年前に生まれていたなら一円たりとも稼げない。サッカーがなかったからである。サッカーで稼げるのは、社会のみんながサッカーをポピュラーにし、盛り上げ、チケットを買い、スポンサーになっている会社から商品を買うなどしているからである。社会のみんなのおかげで稼いだものを社会のみんなの幸せのために還元することは当たり前ではないだろうか、という発想である。

大きな政府

自由と平等を目指すためには、格差を是正する力を行使できる「大きな政府」が必要となる。そのもとで、福祉などの社会保障費を充実させるための累進課税、国内業者を安い輸入品から守るための関税などの保護貿易、国民健康保険、年金制度、金融機関の低所得者優遇措置政策などの積極的な介入が許容される。

アメリカの民主党を支えている思想の一つが、このリベラリズムである。一例として、民主党のオバマ大統領の時には、低所得者に補助を行なうことで国民の健康保険加入率を向上させるオバマケア法を成立させた（なお、次に述べる共和党のトランプ大統領は廃止に動いた）。

自由主義という呼び方についての補足

ロックやミルに源泉を持つ「古典的自由主義（Classical liberalism）」は、市場や政治におけるレッセ・フェール（自由放任主義）を主張していた。これに対して「近代自由主義（Modern liberalism）」として、レッセ・フェールではなく、格差是正のための政府の介入を許容する「社会自由主義（Social Liberalism）」や「新自由主義・ニューリベラリズム（New liberalism）」が現われた。イギリスの経済学者ケインズ（John Maynard Keynes, 1883 – 1946）もその一人である。そして、ロールズの「自由主義」もここに位置する。

その後、再び「古典的自由主義」の復権を唱え、個人の自由や市場のレッセ・フェールを主張する「新自由主義・ネオリベラリズム（Neoliberalism）」が台頭してきた。アメリカの経済学者フリードマン（Milton Friedman, 1912 – 2006）やオーストリア生まれの経済学者ハイエク（Friedrich August von Hayek, 1899 – 1992）、アメリカの言語哲学者チョムスキー（Avram Noam Chomsky, 1928 – ）などが提唱している。基本的にはノージックの「自由至上主義」（後述）に近いものとなっているが、彼らの主張には違いが見られ、共通した定義は困難なようである。

ノージック（*Robert Nozick, 1938 - 2002*）

自由至上主義（リバタリアニズム）：「正義＝自由」

ノージックの最大の関心事は「自由」であり、一九七三年の『アナーキー・国家・ユートピア（*Anarchy, State, and Utopia*）』で、他人の権利を侵害しない限りは個人の自由が守られる最小国家（minimal state）が正当な国家であることを提唱している。その著書の序では以下のように述べられている。

> 諸個人は権利をもっており、個人に対してどのような人や集団も（個人の権利を侵害することなしには）行いえないことがある。（中略）国家についての本書の主な結論は次の諸点にある。暴力・盗み・詐欺からの保護、契約の執行などに限定される最小国家は正当とみなされる。それ以外の拡張国家はすべて、特定のことを行うよう強制されないという人々の権利を侵害し、不当であるとみなされる。(6)

国家に任されるのは「暴力・盗み・詐欺からの保護、契約の執行」くらいで、それ以上の介入は、やりすぎである。前述のロールズは累進課税などで財産を再配分する福祉国家を提唱しているが、これは個人の「権原（entitlement）」を侵害している。「権原」とは、人が自分の所有物を自由に使用し処分できる、政府であっても介入できない絶対的な権利である。権原理論には、取得の正義に関する原理（acquisition

その財が正当な手続きによって獲得された）、移転の正義に関する原理（transfer　その財が正当な手続きによって移転された）、そして匡正（矯正）における正義（rectification）がある。[7] ノージックは、北米バスケットボールリーグのＮＢＡで今や伝説となっているウィルト・チェンバレン選手を例に次の仮定を展開している。

> 観客は入場券を買う際、毎回入場料のうち二五セントを別にして、チェンバレンの名前が表示してある特製の箱にそれを入れる。人々はチェンバレンのプレイを見ることに興奮を感じており、彼らにとってはそれは入場料全額を払うだけの価値がある。一シーズンで百万人が彼のホーム・ゲームを見に来て、ウィルト・チェンバレンは二五万ドルを手にしたが、この額は平均収入よりずっと多く、それどころか誰よりも多い、と仮定しよう。彼にはこの収入を得る資格〔権原〕があるだろうか。[8]

ノージックの答えはもちろん「イエス」である。観客は自分が働いて得た自分に権原のあるお金を、チェンバレンのプレーへと移転させた、つまり交換したわけである。そのお金をチェンバレンは正当に獲得したにすぎない。そして誰も困っている人はいない。社会のパイ自体を大きくする能力のある人の格差のある貢献には、それに応じたボーナスである格差のある権原・収入を与えてもよいのではないだろうか。先のメッシ選手の例で言えば、汗水たらして自分の体や頭を動かして真面目に働いて稼いだお金は、全て本人のものなのだ。それを本人の意思に反して奪う権利は誰にもない。たとえ税金という形でも。社会全体の善（overall social good）のために誰かが利用され犠牲を強いられるといった美徳（？）を要求する社会はあり得ない。

小さな政府

もちろん、われわれが権原を守って暮らしていくには、最低限の仕組みがいる。様々な犯罪から守ってほしいし、契約の履行も保障してもらいたい。そのための税金ならいたしかたない。このような最低限の機能に限定された「小さな政府」がノージックの目指すところである。

では、福祉はどうすればいいのか。税金は安くなるだろうから、基本的に自己責任で、あるいは寄付や国債などで賄えばいいのではないだろうか。富の再配分は政府の仕事ではなく個人の意思の問題なのである。また、規制緩和や自由競争市場を目指す政策によって、格差をなくすのではなくパイそのもの・全体の富を大きくする方向を目指している。

この思想はアメリカの共和党を支えている。たとえば減税は共和党の大きな方針であり、歴代の共和党の大統領の多くはこれに取り組んできた。トランプ大統領が二〇一七年に成立させた税制改革法案では所得税・法人税などが引き下げられ、民主党から「福祉の切り捨てだ」と非難された。共和党の貧困対策は、低所得者の食費補助の福祉政策であるフードスタンプの削減などをはじめとした、公的扶助よりも「仕事を与える」という自己責任・自助的なものである。魚を与えるのではなく釣竿を与える政策、と例える人もいるが、賛否両論である。

セン（*Amartya Sen, 1933－*）

ケイパビリティ（潜在能力）・アプローチ

一九四三年、インドで、三百万人もの死者を出したベンガル大飢饉が起きた。大勢の人々が食料を求めて村々を大移動した。九歳だったアマルティア・センは国民的詩人タゴールの設立した寄宿学校で学んでいた。そこにも食物を求める人が入り込み、救いの手を待ち望んであたりをさまよっていた。その後も、センの村を、数え切れない飢えた人々が通り過ぎて行った。衝撃を受けたセンは貧困のない世界の実現を目指すようになった。後にカルカッタ大学からケンブリッジ大学に留学し、平等な世界「であるべき」ならどんな経済政策が妥当か、という倫理的な規範をも対象とする厚生経済学に打ち込んだ。

ところで「平等」とは何か。避難所に集まってきた人に、おにぎりを一個ずつ分ければ平等だろうか。でも中には大柄な人、消化力の弱い人、病人、赤ちゃん、妊婦、お米の苦手な人、他人の喜ぶ顔が見たい人など、様々な人がいる。同量の配分は、必ずしも皆が望んでいるわけではない。平等の基準は様々で、一つの基準で平等を達成しても、別の基準では平等ではないこともある。多数決も必ずしも有効ではない。ＡＢＣの三つを、太郎がＡＢＣ、次郎がＢＣＡ、花子がＣＡＢの順で評価した場合、どれにも決まらない。また、お金や資源が豊かにあったとしても、紛争や政治体制などの状況によっては平等な分配が達成されないこともある。

従来の経済学では、「効用」が平等の基準となる。自分にとっての効用が大きなほうを選べば「合理的行動」だと言われる（もちろん、他人の効用も視野に入れた研究も行なわれているが）。センの場合は、他人の喜びを共に喜ぶ「共感」や苦しむ他人に何かしてやる「コミットメント」といった利己主義以外の選好のランク付けも視野に入れて考察を行なった。その上で、効用の総量の最大化を基準とした功利主義を再検討した。また、基本財を指標とし人間存在の多様性には不注意なロールズの正義論や、権利の平等は認めても基本財の平等も効用の平等も求めていないノージックの自由至上主義を批判した。

現代社会では、経済的な物差しで「よい生き方」が決められがちだ。自転車を持っている場合、健常な人もしょうがいを持つ人も同じ輸送性のある財を持つとされる。しかし福祉について考える時、われわれは「基本財」の支給以前に、個々人が置かれている状況下でその財を用いて何ができるか（機能）を考えるべきではないか。消化能力が低ければより多くの食料がいる。育児には多くの時間とお金がかかる。病気を持つ人の収入減は健康な人よりも深刻だ。他国への支援にしても、お金が必要な国もあれば、技術や人材の確保が後の発展のために最重要な国もある。「効用」の物差しでは測れないこうしたニーズを調整し、選んで為し得ること、つまり「潜在能力」（ケイパビリティー capability）の平等による正義を達成し、個々人の選択可能性の拡大による「自由」の増大を「開発」することが経済発展なのだと彼は提唱した。

個人の福祉は、その人の生活の質、いわば「生活の良さ」として見ることができる。生活とは、相互に関連した「機能」（ある状態になったり、何かをすること）の集合からなっていると見なすことができる。このような観点からすると、個人が達成していることは、その人の機能のベクトルとして表現することができる。重要な機能は、「適切な栄養を得ているか」「健康状態にあるか」「避けられる病気にかかってないか」「早死にしていないか」などといった基本的なものから、「幸福であるか」「自尊心を持っているか」「社会生活に参加しているか」などといった複雑なものまで多岐にわたる。ここで主張したいことは、人の存在はこのような機能によって構成されており、人の福祉の評価はこれらの構成要素を評価する形をとるべきだということである。

機能の概念と密接に関連しているのが「潜在能力」である。これは、人が行うことのできる様々な機能の組合せを表している。従って、潜在能力は「様々なタイプの生活を送る」という個人の自由を反映した機能のベクトルの集合として表すことができる[9]。

彼は一九九八年にアジアで最初のノーベル経済学賞を受賞し、一九九四年にはアメリカ経済学会会長も務めた。主著に『不平等の経済学』（一九七三年）などがある[10]。

正義についての絶対的な真理とは

以上の倫理思想史では、どの思想家も絶対的で普遍的な真理を追究していた。だが、その主張は思想家ごとに異なる。時には対立さえしている。われわれはそのうちのどれかを真理として選ぶべきなのか。あるいは、絶対的な真理はあるにしてもいまだ誰もそこには到達していないと考えるべきなのか。それとも、真理とは相対的であって、絶対的な真理は存在しないのだろうか。

第12章　相対主義の復権

近代ヨーロッパの相対主義

さて前の章までで、われわれは絶対主義の流れを西洋思想史の流れと重ねて総観してきた。しかし、西洋哲学史の中では相対主義の考え方も、たびたび登場している。この章では、そうした流れをたどっていこう。

たとえばモンテーニュ（Michel Eyquem de Montaigne, 1533 - 1592）の『エセー』では、「ある国では（中略）女は立ったまま小便をし、男はしゃがんでする（中略）ここでは人間の肉を常食とし、あそこではある年齢に達した父親を殺すのが子としての義務である（中略）良心の法則は自然に生まれると言われるが、実は習慣から生まれるのである」と述べられている。[1] ここには文化の多様性と倫理的な良心の相対性が提示されている。

その後、相対主義の思想が脚光を浴びるのは、ヘルダー（Johann Gottfried von Herder, 1744 – 1803）の活動に依るところが大きい。彼は「諸国民の性格を決定するものは、その体制と歴史の事実だけである」「幸福のイメージそのものが、状態や風土とともに変わる」「しかるに、今世紀全般に見られる哲学的、博愛主義的な趨勢は、世界中のどんな遠隔の国民にも、どんな最古の時代にも、美徳と幸福の点でわれわれ自身の理想を押しつけたがる」と述べ、文化的相対主義の先駆者として人類学に顕著な足跡を残した。

彼は普遍的な全体についても考察をめぐらせていたが、「どんな個物の中にも、すでに全体が現われている。どんな個物の中にも、ただただこの全体を暗示する、言い知れぬ一つのものが現われている。そういう全体とは偉大なものであるに違いない」という形で、それは相対的な個々の中にそれぞれの仕方で現われているという立場を採っているようである。[2]

その後、ラートブルフ（Gustav Lambert Radbruch, 1878 – 1949）やケルゼン、カウフマン（Arthur Kaufmann, 1923 – 2001）などの法学者なども相対主義の考えを提示している。

ケルゼン（*Hans Kelsen, 1881 – 1973*）

ケルゼンの相対主義

ケルゼンの著わした「正義とは何か」では、正義を、「ある社会秩序の特性」であり「人の徳性」であると捉え、古代から現代に至る正義の観念について、相対主義の観点から検討がなされている。しばらくその主張を見ていくことにしよう[3]。

ケルゼンによれば、「正しい秩序」とは、全ての人が幸福になるように規制する秩序である。だが、人は社会から孤立した個人として幸福になることはできない。したがって、「正義」とは「社会的な幸福」である。その幸福が、自分が幸福だと感じる主観的なものなら、全ての人を幸福にする秩序は成立しない。というのも、複数の人が同じ一つのものを目指してそれを得ることが幸福なら、誰かの幸福は他の誰かの不幸になるからである。正義の観念は、秩序に従っている多数の人々に、「守る価値がある」と認められた「利益」を保護する社会的な秩序となる。

そこで、利益や価値同士が衝突した場合（生命と自由、自由と経済的安定、正直さと人間らしさ、個人と国家など）、それは実験などで証明可能な事実の判断ではなく、価値的な判断であるから、理性ではなく主観的な感情によって「相対的な」解決が与えられるしかない。

価値判断が相対的であるとは言っても、それは家族や種族をはじめ、様々なグループの中での感化の結果できあがったものである。だから、実際には多くの個人の価値判断は一致している。しかし一致しているからといって、客観的に妥当な正しい価値判断だと言えるわけではない。

ところが、人間には「自己の行動を正当化して良心を安らげたい」という根深い欲求がある。そこで、行動が「ある目的の手段として正しい」と認められた場合（この「目的に相対的な要求」はすでに存在する目的を規準として、それに沿うものかどうかで決定されるため、理性で対応できる）、さらに、「目的そのものも正しいのか」と問わないと満足できなくなる。

そこに「絶対的な価値」が要求される。だが、これはもはや理性の彼方にあり（先に述べたように感情の問題なので）、人間には明確に理解できない（宗教や形而上学の領域とも言える）。したがって、正義の定義を無理に行なってきたこれまでの倫理思想の流れは、以下に挙げるように、内容のない単なる定式になってしまうのである。

まず古代ギリシアでは、正義とは「各人に彼のものを与えること」だとされた時期があった。しかしこれは内容がない形式だけの言葉であり、絶対的な価値を定める正義の定義としては価値がない。なぜなら「彼のもの」は民族や時代、慣習や社会秩序によって違ってくるからだ。「善には善を、悪には悪を」「目には目を、歯には歯を」といった応報の原理も、「人を平等に扱う」という主張も、同様である。「人からしてほしいことを、人にもしてあげなさい」という「黄金律（the golden rule）」も、何を望むかは人それぞれであるから、実質がなく、結局は「それぞれの社会秩序に従って行動しなさい」、ということになってしまう。

プラトンの場合、正義は感覚を超えた本質的な「イデア」として捉えられた。正義のイデアは善のイデアに含まれ、それらは、「正義とは何か」「よいとは何か」という定義についての問いの答えとも考えられる。この問いはプラトンの対話篇で主人公ソクラテスの口から幾度も問われるのであるが、最終的な答えは出されていない。『第七書簡』[4]によれば、絶対的な善のイデアは神秘的な直観の対象であり、人の言葉では言い表わせないとされている。

アリストテレスの「徳」の倫理学では、徳を「中庸」と規定している。これは徳を、過剰と不足の二つの不徳の中間とするものだった。善の問題は悪の問題とセットで答えられなければならない。しかし彼の中庸説での不徳つまり悪の存在は、彼の時代の伝統的道徳によって自明なものとして「前提」されている。したがって、悪の問題を解決しているのではないため、善や徳の問題も解決されていることにはならない。

彼はこの問題の解答を、当時の社会秩序における道徳や法に任せている。中庸説はつまるところ社会の権威と変わらず、現存する社会の維持という保守的な機能にすぎない。

イエスは真の正義として「愛の原理」を提示した。悪に対しても善で報い、敵さえも愛するという原理である。だが、これは人間的な愛の感情とは異なったものである。その愛は、むしろ、人間をそれによって完全なものにするために天上の神が平等に注ぐ愛であり、人間の理解を超えている。

人類に共通のものである人間の自然の本性に基づいて、人類共通の正義を規定する自然法論は、十七世紀から十八世紀に盛んになった。しかし、単に因果関係によって紡がれた事実である自然は意思を持っていないため、「このようにするべきだ」といった人の行動を規定する原則を導くことはできない（「〜である」という「存在」から「〜すべき」という「当為」を導くことはできない[5]）。このため、人間の自然本性に基づいて正義を規定した思想家たちは、次のようなお互いに矛盾した結果に達した。

ホッブズは、人間の自然本性が悪であり善悪の判断が異なった果てに戦争すら起こるという前提から出発し、絶対的で無制限の権力が与えられた国家の統治と人々の服従とを必要とした。

ところがロックは、所有権の保全こそが政治の目的であり、国の最高権力あるいは立法権が国民の財産を処分したり取り上げたりすることを誤りとし、不法な力に対する抵抗を認めている。

ルソーもまたロックにならって、自由の放棄は人間であることの放棄であり、人間としての権利だけでなく義務も断念することだと述べている（ケルゼンの主張に付け加えるなら、ロックが所有権を自然状態の根本に置き正義の基礎としたのに対して、ルソーは所有の膨張こそが正義を損なうと考えており、両者の間でも主張の対立が見られる）。

功利主義を提唱したベンサムはどうだろうか。社会秩序が保証する「幸福」とは、個人的な幸福ではなく、客観的・社会的な意味の幸福なのである。結局、幸福とは、社会の権威によって価値があると認められた、一定の欲求の満足だけを意味している。したがって、正義に対する欲求が、自己の主観的な幸福に対する断ちがたい欲求の現われに他ならず、正義が個人の幸福を意味する限り、正しい社会秩序などというものはありえない。ベンサムの「最大多数の最大幸福」は正義に関する有名な定義であるが、その「幸福」を主観的で個人的な価値であると理解するなら、この問題の解決には役に立たないのである。

カントが唱えた、義務を規定する「普遍化可能性の原理」、つまり「全ての人に適用されるように望むことができる規範に従って行なわれる行動は正しい行動である」は、内容に欠けている。彼が提示している義務のいくつかの具体例は、結局は彼の時代の道徳や法に従ったものである。

共産主義的な平等は、同等の労働に対して収益を同等に配分することを正義と捉えている。だが、これは各人の労働能力の違いを考えない不平等な主張である。元気で熟練した人と病弱で未熟な人が同じ量の労働をした時、「等しくないもの」に「等しいもの」が与えられたことになるからだ。では「能力によって働き、必要によって与える」ならどうだろう。この場合の「能力」や「必要」は、共産主義的な社会秩序によって認められたものにすぎない。

人間の理性は相対的な価値しか把握できない。絶対的な正義は非合理的な理想である。合理的な認識に基づくなら、ただ利益の衝突が存在するだけである。こうした相対主義的な正義哲学の原理とはどんなものか。それは、意見が同じでないからこそ他の平和的な意見を妨げない、という「思想の自由」を意味する「寛容の原理」である。民主主義が正しいのは、それが自由を、すなわち寛容を意味するからである。

以上のように、ケルゼンは絶対主義を批判して、相対主義を擁護したのである。

しかし、ヘルダーやケルゼンに絶対主義として批判されたカントも、実は相対主義に寄与している。彼が考えた認識の仕組み（認識の形式）、すなわち、われわれが世界を把握する過程で、それを知覚するための時間や空間や因果関係などの概念やカテゴリーといった認識の「枠組み」という想定が、後に受け継がれた。そしてそれが、ある目的のために個人や共同体が採用する一組の概念である「概念図式」や「言語的な枠組み」、「パラダイム」といった形で、絶対主義と相対主義をめぐる議論の中に登場するのである。現代の相対主義の一つの潮流は、個人や共同体に対するよりも、このような観点の「枠組み」に対するものである[6]。

ハンソン（Norwood Russell Hanson, 1924 - 1967）

ハンソンの相対主義

そこでまず、ウィトゲンシュタイン（Ludwig Josef Johann Wittgenstein, 1889 - 1951）[7]の影響などを受けて『科学的発見のパターン』を著したハンソンに注目してみよう。彼は、「善い」とか「正しい」どころではなく、そもそも「何が見えているか」といったことすら、文化や個人の経験・知識に相対的なのではないかという立場を主張している。

たとえば、同じアメーバを観察していた二人の微生物学者のうち、一人はそれを「単 - 細胞生物」を、もう一人は「無 - 細胞生物」を見たと言った。前者はアメーバを他の細胞と比較し、後者は他の動物と比較したのである。あるいは、天動説を信じている人と地動説を信じている人は、明け方の空に、物理的な意味では同じ太陽を見ていても、同じ物を見ているとは考えられない。これらの例は、むしろ「異なったものを見ている」と言ったほうが正しいのではないか。

ここでハンソンは、「見る」ということは網膜上の反応といった単なる物理的な状態ではないと述べる。「見ることは、一つの経験である。（中略）見るのは人間であって、人間の眼が見るわけではない」と主張し、「見ること（seeing）」を「〜として見ること（seeing as 〜）」「〜であることを見ること（seeing that 〜）」と結びつける。

図①も、人によっては、下から眺めたガラス箱、上から眺めたガラス箱、多面カットの宝石、凧の枠、平面上の単なる線の交差など、様々な物に見える。[8] というより、その都度それとしてしか見えないだろう。われわれは、まず視覚的なパターンをつかんでその上に解釈をつなげるのではなく、見ると同時に解釈している、つまり解釈は見ること自体の中にはじめから存在しており、「解釈することこそ見ること」なのである。

図②も、老婆にも見えれば若い女性にも見える。だが、片方を見ている時はもう一方は見えなくなる。その時われわれは違った物を見ているのである。ハンソンは、見える物が変わった時は、その人の見ている「有機性（organization）」、つまり「線や形にあるパターンを与える、諸要素が感得される際の様式」が変わったのだ、と述べる。

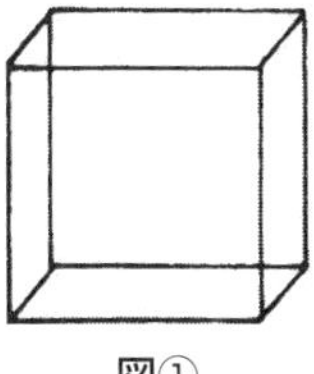

図①

図②

図③

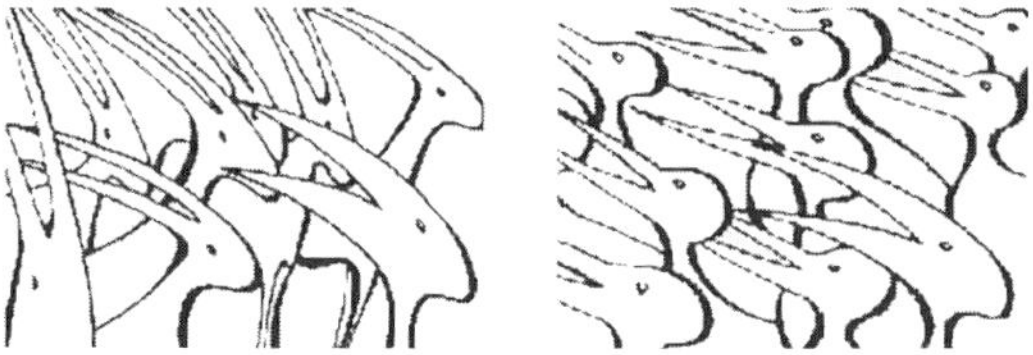

図④

彼は先に述べた「解釈」を、知識、経験、関連、文脈などを含む「理論」とも並置して、観察はそれによって形成されるとした。たとえば「関連」とは、図③も、図④のそれぞれと関連させた時、ある時は鹿に、ある時は鳥に見える。つまり何に見えるかが違ってくるのである。「見ること」は「理論負荷的な」試みなのである。言い換えれば、観察が成立するためには背景にある「理論」に基づかざるを得ない。これは「観察の理論負荷性（theory-ladenness of observation）」と呼ばれている[9]。

彼の理論を理解するために、下の図⑤が何に見えるかちょっと眺めてみてほしい。横たわった人などが、黒い所を見ている人には見えるかもしれない。しかし白いところを見ている人は、同じものを見ているのではなく、違ったものを見ている。そして、白いところを見てすぐに「ＥＬＦ（妖精）」と見て取れるのは、われわれにアルファベットの知識があるからだ。その知識がない人には、どれだけ眺めても黒い模様しか見えないかもしれない。赤信号自体は何も危険なところはないが、ある教育を受けた人々はそれを見て危険を感じブレーキを踏む。「外」という文字を見ても、すぐにわれわれが理解できるのは漢字の知識があるからで、幼児には「タト」とカ

図⑤

タカナに見えるかもしれないし、漢字を知らない人には単なる図形にしか見えないかもしれない。また、われわれは雪の色は白だと思っているが、寒い地方で暮らしている民族の中には、雪を見て、瞬時に十何色も見分けられる人たちがいるらしい。虹の色も、日本人は七色と見るのが普通だが、英米では六色、独仏では五色で、八色や三色、二色に見る文化もあるようだ。色の見え方もまた、生活や文化などの「理論」に根ざしたものなのだ。

図⑥

ハンソンが例に出している図⑥が何を描いたものか眺めてほしい。経験を積んだ物理学者はそこにX線管を見るが、エスキモーあるいはイヌイットの幼児は同じ物を見ていないとも言える。このように、何が見えるかすら、文化や個人の経験によって相対的であるなら、もっと複雑な価値観はなおさら相対的なのではないかとも思えてくる。

クーン（Thomas Samuel Kuhn, 1922 - 1996）

「パラダイム」と「科学革命」

とはいっても、「科学の真理」は人類共通だ、科学は一つの真理に向かって進歩してきた、だから、相対的ではないのだ、という人もいるだろう。しかし、クーンという科学哲学者は、科学は連続的に「進歩」してきたのではなく、断続的に「転換」してきただけであり、科学の真理さえも各々の理論ごとに相対的だと読み取れる主張を展開した[10]。

クーンが有名にした言葉に「パラダイム（paradigm）」がある。これは「専門家集団にしばらくのあいだ問題や解決のモデルを与える一般的に認められた科学的な業績[11]」とされる。現在一般的には「考え方の枠組み」という意味で用いられることも多い。彼は「パラダイムを共有して研究している人々は、科学的な実践に対して同じ規則や基準を採用している。この採用と、それが生み出すものに対する明瞭なコンセンサスは、通常科学のための、言い換えれば、特定の研究伝統の創始ならびに継承のための、必要条件である[12]」と述べている。

もう一つは「科学革命（scientific revolutions）」である。彼は以下のように述べている。

> 通常の研究のために設計され組み立てられた機器が、予測通りの仕方ではその成果を発揮できず、専門家が期待して努力を繰り返しても、変則性が出現する場合がある。こうなると通常科学はしばしば途方にくれることになる。そして専門家がもはや科学の伝統を転覆させる変則性を避けることができなくなった時、ついには一組の新たな取り組み、すなわち科学の実践の新しい基礎に専門家を導くような異常な探求が始まる。専門家の取り組み方を変えてしまうこの異常な出来事は、この論文では科学革命として認知される。幾度も起こるこの科学革命は、通常科学の伝統に縛られた活動を補完しつつ、伝統を断絶させるのである[13]。

科学革命の代表例として、コペルニクス、ニュートン、ラヴォアジェ、アインシュタインの名が挙げられる。そのような科学革命は「新たな基礎からその分野を再構築することであり、パラダイム的な方法やその適用の多くを変えること、その分野の最も基礎となる理論的前提を変えること[14]」である。つまり科学革命とは「新しいパラダイムに移行すること[15]」なのである。

ただし「科学革命とは、古いパラダイムが、それとは両立しない新しいパラダイムに全て、あるいは部分的に置き換えられる、累積的ではない発展という出来事である[16]」。この「累積的ではない発展」が大切なポイントとなる。

彼は、ハンソンが述べた「観察の理論負荷性」などを参考にして[17]、アインシュタインの空間、時間、質料などの物理学上最も基本的な概念の意味は、同じ名称であっても、ニュートンのそれとは決して同じではないと言う[18]。また、コペルニクスが行なったのは、ただ地球を動かしたということではなく、「地球」や「運動」の意味をまったく変えてしまったということなのである[19]。

異なったパラダイムは妥協を許さず、新たなパラダイムを受け入れる場合、科学の再定義を求められる。新たな科学は以前の科学と両立しないばかりか、同じ規準では、はかることができないことになる[20]。すなわち、革命後の科学者は「異なった世界で仕事をする」ことになる[21]。

われわれの多くは、パラダイムの変化によって科学が積み重なって「進歩」し、いっそう真理に近づいた、と考えているかもしれない。しかしそうではない、というのがクーンの主張である。彼によればパラダイムごとに異なる世界があり、何を解明したいのかという問題意識が違っているため、新しい理論が古い理論より優れているというわけではなく、それぞれが違った仕方で世界を説明しているにすぎない。つまり、異なる理論同士には異なった真理があり、それらを共通の尺度で比較することはできないのである。

それらの真理は、たとえば2と$\sqrt{2}$が共通の約数を持たないのと同様に「通約不可能[22]」となるのである。

ウィンチ（*Peter Guy Winch, 1926 - 1997*）

社会制度が「規準」を決める

社会科学や宗教、倫理の哲学的研究で知られるウィンチは、『社会科学の理念』で、社会科学を自然科学的な統計的説明や因果的な「一般化」といった方法ではなく、哲学的な方法によって研究すべきだという主張を行なっている。この主張も「相対主義」的な性格を持っている[23]。

ウィンチは以下のように述べている。われわれが自己の感覚について語る言葉は、誰でもが理解できる規準に従っていなければならない。その「規準」は、個人にとって私的なものではない。「規準」や「規則」は社会的な背景を必要とする。この「規則」の捉え方を、彼はウィトゲンシュタインの述べた「言語ゲーム」や「生活形式」に依拠している[24]。彼はウィトゲンシュタインの主張の核心を「言語や意味のようなカテゴリーの適用を可能にするのは、それ自体として考察された個々の発言ではなく、それらの発話がなされる社会的文脈（social context）である」と捉える。つまり、人間の知性に結びつく全ての概念や行動は、それぞれの社会において人間同士が様々な影響を互いに及ぼしあう関係という文脈で考えねばならない、と主張する[25]。人間の行動の説明は、環境に対する個人の反応を因果的に「一般化」することではない。彼の行為にその意味を与えている制度や生活の仕方をわれわれが理解することで行なわれるのだ[26]。

そして、この社会制度も、自然科学的な仕方で「一般化」されてはならない。それぞれの制度が持っている思考様式は、それぞれの社会において、実際に人々の行動様式を支配しているのである。たとえば「戦争」という観念は、単に「複数の社会の武力闘争」という一般的な説明のために発明されたのではない。互いに抗争しているそれぞれの社会のメンバーに、自分が何をすべきか・何をすべきではないかという行動の規準を与えているのである。[27]

第13章　相対主義への反論

価値と基準・事実

これまでの様々な思想家の主張を見てくると、現代思想では、相対主義こそが正しいように思えてくる。しかし、相対主義に反対する議論を展開している現代の論者もたくさんいる。ここからは、そうした考え方に光を当てていこう。

たとえば、アメリカの倫理学者ビーチャム（Tom L. Beauchamp, 1939－）は、子育てを終えた比較的健康な状態の親が高い木に登り、子どもがそれを揺すって親が落ちて死ぬようにしている或る部族の習慣を、われわれのそれとは違った相対主義的な例として紹介している。[1] この例を見る限り、「確かにわれわれとは価値観が違っている」という印象を与えるかもしれない。

しかし彼は、その理由として、その部族では人間はこの世を去った時と全く同じ身体の状態で死後の世界に行くと信じられている、という人類学者の報告を挙げて、「親を気遣う」という点ではわれわれと同じだと述べている。

すなわち、死後の世界についての文化的な不一致はあるものの、親をどのように扱うべきかという道徳的な原則には不一致はない、としている。彼は、「判断の相対主義」と「基準の相対主義」を区別して、個々の判断はそれぞれ違っていても、その根拠に、正当化のための「一般的な」あるいは「普遍的な」価値基準が存在する可能性を認める。

加藤尚武（1937－）も、一見、価値基準が異なるように見えても、それは事実関係や事柄についての判断の違いであって、価値基準の違いではない可能性を挙げている[2]。たとえば、かつてのアメリカ・インディアン（ネイティブ・アメリカン）はタバコを治療に用いたが、現代では危険視されていることについて、変化したのはタバコの身体への危険性についての判断であって、「健康に悪いものを摂取するな」という価値判断は変化していないと述べている。

つまり、タバコを薬だ、と思うのか、あるいは害になる、と思うのかは「価値観」の問題ではなく、科学などの事実の問題で、「病人を治すのは善いことだ・正しいことだ」といった価値判断は、どんな文化でもある程度共通していると思われる。

第2章で紹介した、死んだ親の肉を食べる例も、食べることによって親の魂が子どもに移ると思っていたようだ。もちろんわれわれは、そうは思っていない。しかしどちらも、「親への愛情」は共通しているのではないだろうか。戦争をしている二つの国があった場合、われわれは価値観が違うから戦争になっている、と思いがちだが、どちらの国の兵士に尋ねても、「愛するものを守りたいから戦っている」と、同じように答えるかもしれない。違っているのは「価値観」ではなく、利害関係などの他の要因かもしれないのである。

❖ クワイン（*Willard van Orman Quine, 1908 – 2000*）

「根本的翻訳」の思考実験

次に、クワインの考え方を検討してみよう[3]。彼は言葉の理解について、たとえばロックが唱えたような「心の中の観念に結びつけること」といった心理主義的な考えではコミュニケーションを説明できないとした。言語の習得や使用・意味などを言語的な行動・振る舞い（言葉を聞いた時の肯定、否定、対応など）に関連して考察し、言葉の意味を文脈の中で果たす役割から考えた。また、認識の問題を科学の視点から扱い、感覚への刺激が言語を通じて世界についての知識を生み出すという経験的な心理学を展開した。彼の代表作で「言語は社会的なわざである」で始まる『ことばと対象』の第二章では、以下の「翻訳の不確定性（indeterminacy of translation）のテーゼ」という主張としてそれらの考えが集約されている。

> ある言語を他の言語に翻訳するためのマニュアルは、いろいろと違った仕方で作ることができ、マニュアルの全てが各々の言語の傾向性全体と両立するが、マニュアル同士は両立しない[4]。

ここでは以下の主旨が述べられている。他の言語の翻訳はそれぞれ違った仕方で行なわれる可能性がある。たとえば「粋な」を英語に翻訳する場合、chic とか fashionable とか sharp とか dressy とか sophisticated とか、あるいは show a great deal of consideration といったいろいろな可能性があり、これらの英語にはそれぞれ違った日本語が対応するかもしれない。しかし英語圏の人がどの訳を念頭において会話を継続しても、状況に合っていれば、われわれ日本人は違和感を感じることなく頷き、コミュニケーションは滞りなく進むだろう。つまり、それぞれの言語を話す人々の振る舞いと調和しているのである。

ここから言えることは、単語や文は一つの定まった意味によって機能しているのではないため、翻訳とは円滑なコミュニケーションができることとして捉えればいいのではないか、ということである。

クワインは「根本的翻訳（radical translation）」という思考実験を提示している。ある言語学者がこれまでまったく接触のなかった人々（ジャングルの奥地や巨大な山脈の間で見つかった人々を想像してもよい）の言葉を辞書にするとしてみよう。彼が現地の人と一緒にいると、目の前を一匹のウサギが走り抜けた。現地の人は「ガヴァガイ（Gavagai）」と言った。言語学者はとりあえず「ウサギ」と書き留めた。しかし「ガヴァガイ」は「動物だ」「白い」、ひょっとすると「ウサギの耳」や「光が当たっている時のウサギ」かもしれない。問題はウサギそのものでなく、何らかの「刺激」である。

そこで言語学者が次にすることは、刺激を変えたいろんな状況で（白い葉っぱとか黒いネズミとかを前にして）現地の人に質問して、同意するかしないかの反応によって確認していく作業である。その場での刺激によって肯定されたり否定されたりする文を、クワインは「場面文」と呼び、その中でも個人的な推論などを含まず、したがって社会的に一致した答えが即座に出るようなものを「観察文」と呼んでいる。

しかし、観察文においてある問いが肯定されているかどうかは、どうやって決めるのか。簡単な質問とその反応を繰り返し、現地の人の発話をまね、「はい」と「いいえ」にあたるサインを見つけ出していくしかない。そして、われわれと同じ状況が現地の人にも当てはまることに気づく。ウサギを指さして、「ガヴァガイ？」と問うと、彼らは「はい」という意味の反応をするが、われわれもウサギを指さして「ウサギ？」と聞かれたら同じ反応を示すのである。もちろん、意味を知る手がかりが反応や行動しかないため、これで「ガヴァガイ」の意味が一つに決まるわけではなく、もしかしたら「ウサギの毛先」や「元気なウサギ」かもしれないので、翻訳には不確定性[5]がつきまとうが、コミュニケーションを不可能にするほどの不確定性ではない。

ちなみに、言語学者の金田一京助（1882－1971）が、一九〇七年に樺太アイヌ語をマスターするために単身踏査した折に、当初なかなか言葉が通じなかった時の様子を以下のように述べている。この状況に似ているかもしれない。

> ただ私は、「何？」という一語がほしくなった。それさえわかれば、心のままに、物を指して、その名を聞くことができるのである。そこで、ふと思いついて、もう一枚紙をめくって、今度はめちゃくちゃな線をぐるぐるぐるぐる引き回した。年かさの子が首をかしげた。そして「ヘマタ！」と叫んだ。するとほかの子供も皆変な顔をして、口々に「ヘマタ！」「ヘマタ！」「ヘマタ！」。「うん！　北海道で「何」のことを「ヘマンダ」という。これだ」と思ったから、まず試みようと、身のまわりを見回

して、足元の小石を拾って、私からあべこべに「ヘマタ？」と叫んでやった。驚くべし、群がる子供らが私の手元へくるくるした目を向けて、口々に「スマ！」「スマ！」と叫ぶではないか。北海道で「石」のことを「シュマ」という。してみると、「スマ」は「石」のことで、そして、「ヘマタ」はやっぱり「何」ということに違いなさそうだ。[6]

さて、クワインは以上の手法を、観察文ではない文や、論理結合子（not, and, or など）にも拡げてゆき、「よりよい翻訳はわれわれの論理を彼らの音声に課する」「公正な翻訳は論理規則を保つ」と述べる。[7] つまり、われわれは翻訳にあたって、とんでもない翻訳を許すようなことや論理的な規則から逸脱するようなこと（「PであってPではない」など）を相手は言っていない、という常識を働かせているのである。この、「相手もわれわれと同じように考えて言葉を語っている」という善意を働かせて翻訳を行なうことは「善意の原則」と呼ばれ、後述するデイヴィドソンが強調してくる。

しかし、相手もわれわれと同じように考えて言葉を語っているという観点は、実はわれわれのものの見方を相手にも押しつけていることにならないか、という疑問が生じる。だが、この観点が導かれたのは、相手の心の中の観念を考慮した結果ではなく、「相手が文に対してどのような言語的な振る舞い（肯定や否定など）をしたのか」と「われわれが文に対してどのような言語的な振る舞いをしたのか」が一致した、ということに基づいているのであり、それは両者の信念の一致を意味すると考えられる。

したがって、翻訳が可能である限り、「相互の考え方は大体同じようなものである」ということが結論づけられる。そして、世界中のほとんどの言語は何らかの形で翻訳可能なのである（というより、まったく翻訳できない言語は、もはや言語とは言えないのである）。であれば、世界中の人々の考え方は、大体同じだと言えるのである。

――デイヴィドソン（*Donald Herbert Davidson, 1917－2003*）

コミュニケーションや解釈はなぜ可能なのか？

クワインの「根本的翻訳」の考え方を、異なる言語間のみならず、同じ言語の話し手も含めて、どんな場合でも他人の話を理解する状況に当てはめた「根本的解釈（radical interpretation）」として展開したのが、弟子のデイヴィドソンである。「根本的解釈」について、彼は次のように語る[8]。コミュニケーションや解釈がうまくいく理由を、意味や意図に求めると、行き詰まってしまう。カギは各言語に共通の「理論」にある、というのが彼の戦略である。「理論を知っている人は、その理論が適用される発話を解釈することができる（someone who knows the theory can interpret the utterances to which the theory applies）[9]」のである。

では、その「理論」とはどのようなものなのか。彼は自国の言語で成立しているタルスキ[10]流の真理に関わる理論（「SはPという場合にだけ真である」、たとえば「「雪が白い」は雪が白い場合にだけ真である」など）の形式的なルールを自然言語に適用する。「われわれの言語について成り立つことは、他の言語に対しても成り立つから、問題は、われわれが現に行なっていることを知ることである[11]」。つまり、相手の言語の論理的なルール（矛盾したことを言わない、など）は、われわれの言語のそれとほぼ同じと考えてよい。たとえどのような真理なのかはわからなくても、誰かがある文を述べる時に真理を表明しようと意図していることはわかるのである。「ある文を真だと思って、真だと受け入れる態度で、最初の一歩を踏み出すのがよい[12]」と、また「寛大さがわれわれに強く求められている[13]」とデイヴィドソンは述べる。

ここに、クワインの箇所でも触れた「善意の原則」が現われることになる[14]。われわれの言語の論理的なルールを知れば、相手の言語にそれを適用して、解釈やコミュニケーションが可能になるのである。そこでわれわれは、現地の言語とわれわれの言語の様々な文の「一致が最大になるような仕方で解釈を行なう[15]」ことになる。相手に合理性や信念といったものがあるなら、われわれの発話や振る舞いの大部分が整合的でつじつまが合っているように、相手のそうしたものも大部分が整合的でつじつまが合っているのである。

「真理と知識の斉合説」

以上の主張の根底にある考えとして、デイヴィドソンは「真理と知識の斉合説（coherence theory of truth and knowledge）」を唱えている。一般的には、世界についての信念が真であるためには、その信念を世界と結びつけることによって、つまり、感覚を通して世界から伝わってくるものと一つ一つ突き合わせを行なって、経験による裁きを行ない[16]、信念が感覚される実在を正しく言い当てている必要があると思われがちだ。だが、彼はそれを否定する。

感覚と信念の関係は論理的なものではありえない。感覚や信念は命題的な態度ではないからだ。ではその関係は何なのか。答は明白だ。因果的な関係である。感覚は何らかの信念の原因になり、その意味で、その信念の基礎あるいは基盤である。しかし信念の因果的な説明では、どのようにして、あるいはなぜ、その信念が正当化されるのかを示しはしない[17]。

代わって彼が提示するのが、信念同士の斉合性による説明である。斉合説は「ある信念を抱くための理由は、別の信念以外にありえない[18]」と主張する。正当化の起源を、真だと考えられる他の信念に求めるのである。「意味と知識が経験に基づいていること、そして経験が究極的には感覚に基づいていることは疑いない。しかし、それは因果的に「基づいている」のであって、証拠や正当化という仕方で「基づいている」のではない[19]」。

斉合性が真であることのテストになるのであれば、われわれの信念の多くがわれわれの信念の他の多くと斉合する場合、そうしたわれわれの信念の多くは真であると言える[20]。そしてその場合、真であるかどうかを確かめるために信念と実在を照らし合わせる必要もなくなる。

まったく翻訳できない言語は、言語ではない

さて、言語なしには事物は把握できないので、先に述べた「概念枠」と言語は同一視されてよい[21]。とこ

ろで、クーンが言っていたように、一つの枠組みから他の枠組みへの翻訳は存在せず、実在そのものも枠組みによって相対的なのであろうか。デイヴィドソンは、異なるパラダイムの中で活動している科学者は「異なった世界で仕事をする」と述べたクーンに対して、「クーンは科学革命以前の事柄がどのようであったかを、革命後の慣用表現を用いて見事に述べている――他にどんなやり方ができただろうか――」と、また「ウォーフ[22]は、ホピ語がわれわれのものとはかなり異質の形而上学を含んでいるため、ホピ語と英語は互いに「換算」できないことを説明しようとしたが、彼はホピ語の例文の内容を伝えるのに、英語を用いている」と述べている[23]。

つまり、概念の枠組みが異なっているように見える場合でも、それらは「通約不可能」ではなく、共通の座標系、共通の視点が存在しているのである。そして「ある言語を他の言語に翻訳する方法があるなら、異なる言語の話し手同士が一つの同じ概念枠を共有することになる[24]」のである。

彼は「スタート地点での唯一の可能性は、それぞれの信念が一般的に一致すると仮定することである」と述べる[25]。もちろん、相手にあまりにたくさんの不合理が見られる場合もありうる。しかしその状況は、解釈が間違っていたり、相手が発しているのが言語ではない場合もあるが、多くの場合は、そこに新奇なことや驚くべきことや論争の種になることが起こっているのである[26]。

結局、翻訳や解釈は部分的に失敗することはあっても、われわれの言語にまったく翻訳できない言語は、発話行動、すなわち言語ではないと言ってもいいのである。「もちろん文の真理は言語に相対的なものとして残るが、しかしそれは可能な限り客観的なのである[27]」。このような観点を認めるなら、概念相対主義の立ち入る余地はない。

第14章　相対主義の擁護と新たな絶対主義

フット（Philippa Ruth Foot, 1920 - 2010）

道徳性の根本的な価値が不明

ここで再び相対主義の擁護に戻ろう。相対主義は真剣に考えるべき主張である、と論じた人々もいる。まず、フットの道徳的相対主義（moral relativism）を擁護する意見に耳を傾けてみよう。フットはトロッコ問題（Trolley problem）[1]や徳倫理学の現代への復活で有名なイギリスの倫理学者である。[2]

彼女はまず、相対主義が属している領域は「趣味判断（judgements of taste）」であると主張する。「趣味判断」とは、ある人がかっこいいかどうか、ある食べ物や飲み物が美味しいかどうか、ある色が服によく合っているかどうか、といった真偽が主張できない好みの判断で、個人や文化や世代によってかなり異なっている。「趣味判断」が相対主義的なのは、他の意見よりも自分の意見の方が真実だと主張できないからである。

ある集団において反応が共有されている場合にのみ、客観性や真理が帰属し、「正しい」が語れる。したがって、われわれと反応の仕方が違う別の集団の判断が「間違っている」ということには意味がない。こうした個人的な基準や局地的な基準に従っているものが「相対的真理」である。

問題は、道徳的な主張が「相対的真理」しか認めないのかどうかである。ある人々は、道徳的な判断は趣味判断とは異なって、そこでは真偽が成立するから、局地的な道徳的基準に従っていないため、相対的ではないと主張する。

しかし、「実質的な真理」が成立するためには、「共通の基準」が前提されていなければならないが、いかなる個々の共同体にも属するような「共通の基準」は存在しない。そして、たとえ道徳的な判断の真理が局地的な共同体の基準に相対的ではないとしても、「実質的な真理」はなお個人の基準に相対的である。

二人の人がそれぞれ反対の命令を出した場合、各人は自分の命令が守られ他方の命令は無視されるように望むのが一般的である。だが、その場合、他方の命令も同じ地位にあると認めることは可能である。どのような命令も他の命令以上に真であるわけではないなら、どの道徳的判断も他の道徳的判断よりも真であるとは言えない。

われわれは、何かに価値がある、と言う時に、それがどういう意味なのかがいまだに説明できていない。たとえば「本当の幸福」が何かについても、それが多幸感や大きな快楽ではなくて、子どもや友人への愛情、仕事への欲求、自由や真理への愛といった、人間の本性に根ざした、生の根本に関わるものと思われる。しかし、われわれは「生の根本」が何を意味しているのかわからないのである。このような道徳性の根本的な価値がわからないということは、道徳的相対主義の真偽を論じるべきではないということになる。

❖ ――― *マッキー（John Leslie Mackie, 1917－1981）*

錯誤理論

道徳的な判断の客観性をどのように扱うのか。この点に関して、「客観的な価値は存在しない」で始まる『倫理学』を著わしたマッキーもまた、相対主義的な「道徳上の主観主義」という倫理観を展開している。西洋哲学の伝統的な本流は「客観的価値」が存在するとしているが、「価値は、客観的なものでも、世界の組織の一部でもない[3]」。彼によれば、想定されている客観的価値は、それらの価値を承認しその価値に責任を果たしていると考えている人の「態度（attitudes）」に基づいている[4]。社会的に確立された行動のパターンが個々人に圧力を加え、個人はそれを内面化し、人々はお互いに行動の仕方を調整するようになる。そこに道徳が生じるが、その権威づけは、客観的なものがあることで可能となる。つまり、ある事柄への社会的な望ましさ・欲求が反映されたものとして、客観的価値があるように思わ「されて」いる。

彼は、「錯誤理論（error theory）」を提起している。道徳判断をする時に、多くの人は客観的に何か指図するものを指示していると思っている。だが、これは誤りである、というものである[5]。ロックやボイルは、形や大きさや重さなどの、われわれの働きかけから独立に存在する「第一性質」と、われわれの働きかけと相関的な、色などの「第二性質」を分離した。マッキーは客観的価値を後者に類似したものと捉える。それを前者のように扱い、意味の説明を、存在するものの説明とみなすことから、「錯誤」が生じると述べる。

ではわれわれはどのように間違っているのか。まず、道徳規範は客観的な価値ではなく、人々の様々な生活様式へのこだわりや参加を反映している。客観主義者は、一夫一婦制を認めるから一夫一婦制の生活様式に参加すると思っているかもしれない。だが、実は一夫一婦制の生活様式に参加しているから一夫一婦制を認めているのである[6]。

また、客観主義者は客観的価値という不思議な実体の認識を直感に頼っているが、実際は道徳的な知識のほとんどは経験的な用語で説明できる[7]。客観的指図性（objective prescriptivity）は、欲求や感情、目的への手段の推論、人間相互の要求、文脈の上で認められた価値基準に反する不正、卑劣さの心理的構成要素などとの関係とともに提示される[8]。彼は、道徳は「発見されねばならない」ものではなく、われわれの議論や合意を通じて「作られねばならない」ものであると述べている[9]。

マッキーは、人々が自分ならびに自分の近親者の福利を追求することは正しく適切であるとして、「利己主義」と「自己言及的な利他主義」を道徳原理と考える[10]。そして、そのような自らの取り組みを、人間の福利一般あるいは人間の生活の繁栄に基礎を置く「規則功利主義」であり、「規則‐権利‐義務‐気質‐利己主義」であると位置づけている[11]。そして道徳は、国家間の問題と、とりわけその基底となる個人間や小集団間の問題に対処するものである、と考えている[12]。

ウィリアムズ（Sir Bernard Arthur Owen Williams, 1929 – 2003）

制限付きの相対主義

ウィリアムズもまた、相対主義の主張を真面目に考えた一人である。彼は従来の相対主義を「通俗的な相対主義（vulgar relativism）」として批判する。彼は「通俗的な相対主義」の命題を以下のものとして挙げる[13]。

①「正しい」は「ある特定の社会にとって正しい」を意味する。

②したがって、ある社会の人々が他の社会の価値を非難したり干渉したりしないことが正しい。

しかし、これらの見解は矛盾している。なぜなら、②での「正しい」という主張は相対的ではなく、全ての社会に当てはまる正しさだからである。相対主義の中心的な混乱は、様々な社会が異なる態度や価値を持つという事実から、或る社会の他の社会に対する態度を決める非相対的な原則を取り出そうと努める点にある。コルテスがメキシコ遠征時に人を生け贄にしている場面に直面した時、口出しすべきであったのか。問題は、「郷に入っては郷に従え」として、異なる価値を容認することではなく、異なる価値にただ耐えることである[14]。

では、ウィリアムズは相対主義を否定するのだろうか。ところが、彼は、倫理的な相対主義に関して、

「隔たりの相対主義（relativism of distance）」[15]と呼ぶ別の形の相対主義を展開し、その妥当性を述べている。[16]

さて、互いに排他的な（ある質問に対して「はい」と「いいえ」といった対立する帰結を持つ）信念の体系S1とS2があるとしよう。S1とS2は両立できない行為や慣習を含み、同時に両方の内部で生きることが不可能であるとする。

ある時点において、ある集団Sが、S1とS2のそれぞれが選択可能であった場合、S1とS2の間に「現実の対立」が生じる。ある集団が「現実の対立」において、他の信念体系が「選択可能」であり、「現実の選択肢」として移行できるということは、その集団が現実感覚を保持し続け、広範な自己欺瞞や妄想や心理操作なしに、移行できる、ということを意味している。[17]集団Sが合理的な比較の結果、S2を選択し、それへと転向する場合、集団SはS2の内部で生き、S2への移行を承認する。ここでその集団Sは反省的な思考に基づいて、S1とS2を「真・偽」「正・不正」「受け入れ可能・受け入れ不可能」といった語彙で評価し、判断する。その場合、対立するかに見える信念も、各々の場所ではそれぞれ適切であり、そこには真の意味での対立は存在しない。

他方、S1とS2に気づいているが、少なくとも一方が選択可能ではない場合（青銅器時代や戦国時代の生活は、それらを生きる方法が現在の世の中に存在しないため、選択可能ではない）「観念的対立」が生じる。これを、歴史的に遠く隔たった信念の体系に対することから「隔たりの相対主義」と呼ぶ。

彼は、「相対主義とは、与えられた或る信念体系Sに関して、そうしたSと純粋に概念上の衝突を起こすSを保持する人にとって、そうしたSの評価の問題は真正なものとしては起こらない、という見解である」[18]と述べる。すなわち、「隔たりの相対主義」のみを認める立場を採っている。[19]

「濃い倫理的概念」

このような特定の相対主義のみを認める彼の立場は、基本的には相対主義なのだろうか、それとも絶対主義なのだろうか。彼は倫理的な真理の確実性を、「アルキメデスの支点」のように絶対的な基礎として求める従来の倫理学説に、異議を唱えている。

倫理が特定の倫理原則やある一定の生き方を採用するという「決断」の問題であるなら、その決断が避けられないものであることを説明しなければならない。「倫理的な確信を知識や確実性と同一視してはならないのであれば、それはいったい何であるのか[20]」。代わって彼が重要視するのは「濃い倫理的概念（thick ethical concept）」（卑怯者、嘘、残忍、感謝、裏切り、約束、勇気など）に基づく「物事がいかにあるのかへの収斂（conversing on how things are）」である。この濃い倫理的概念は「正しい」や「よい」といった最も一般的で抽象的な（「薄い」）倫理的概念に比べて具体的なものである。濃い概念を持った者の倫理的な判断は世界によって指導されているため、その概念は事実と価値の入り交じった概念となっており、行為者に行為の理由を与える。そして「それを身に付けた人々は、ある概念が新たに生起した状況に適用できるかどうかに関して一致をみることができる[21]」。

この濃い倫理的な概念は、反省（reflection）[22]によってその座から追放される可能性にさらされている。しかし、濃い倫理的な概念が反省に耐えて生き延びるならそれだけ、その概念を用いる実践は、それを用いない実践よりも、倫理的判断の真理についての一般的で構造的な反省に対して、いっそう安定したものとなるだろう。[23]

さて、「濃い倫理的な概念」が生きている社会では、倫理知が可能だとウィリアムズは考えている。その倫理知は、客観性という点では科学的な知とのアナロジーが成り立たないとしても、やはり独自の客観性を持っている。

> このプロジェクトの成功を示す収斂は実践理性の収斂であり、その実践理性によって、人々は最善の生活を送り、その生活に適した欲求を持つことになるだろう。つまり、倫理的信念における収斂とは、大部分が、こうしたプロセスの一部でありまた帰結でもあるだろう。実際このレベルでは、非常に一般的な或る倫理的信念が、知識の対象となるだろう。多くの個別的な倫理的判断も、望ましい「濃い概念」を含みつつ、真であることが理解されるだろう。（中略）ひとつの非常に一般的な命題と多くの具体的な命題という両極端の間で、他の倫理的信念が真であるだろう。それは、それらの倫理的信念が——この楽観的なプログラムに基づけば——人間にとって最善のものであることが明らかになった広大な社会的な世界の中でわれわれが苦労して進むのを助けてくれる信念であるという、ただ間接的な意味において。[24]

ウィリアムズは、倫理的な観点が存在するためには、世界にいかなるものが存在せねばならないか、と問い、その答えとして「人の性向（people’s dispositions）」を挙げる。アリストテレスの「徳ある人」という「性向」は、人間性の最良の理論に基づく、人間の可能性の「正しい完全な」発展を体現したものであった。「徳ある人」においては、内的で個人的な欲求と外的で社会的な願望が完全に調和している。「アリストテレスは、自然についての絶対的な理解から極められる、人間の可能性の調和した究極的なありかたとして特定の倫理的、文化的、そして政治的な人生を思い描いていた[25]」のである。

こうして、ウィリアムズは次のように述べる。「人の性向は倫理的価値の究極的な支えである[26]」「倫理的価値の保存は、倫理的な性向の再生産にかかっている[27]」「社会的ないし倫理的な生活は、人々の性向の中に存在するのである。それぞれの社会によって異なるのは、人々の性向の内容であり、その理解可能性であり、その特殊性の程度である[28]」。そして、意味のある個人生活を送る人は、社会を拒否するのではなく、むしろ種々の認識をかなり深いところまで他の人々と共有するのである。

このような記述から推論できることは、ウィリアムズの倫理的思考は、「濃い倫理的な概念」を用いた実践によって培われた「人の性向」によって支えられている、ということだろう。これは、何らかの倫理的な基礎づけを求める思考と袂《たもと》を分かつ、という意味では絶対主義ではないが、ある種の共有を求めているという点では相対主義とも言い難い[29]。

ところで、「生き方の共有」をもたらす合意は、人間生活の内部で培われ、理論的な探究に影響を受けたものである。この探究は、生き方の多様性や倫理の多様性を認める、自由な制度を含意する。ウィリアムズはここに、未来に対する「隔たりの相対主義」を認めている。倫理的な思考には、自由で合理的な議論によって、「いかに生きるべきか」「何をなすべきか」を、強制されず、自由な制度の内で、自律的に考え、合意することが大切である。未来の社会がわれわれの価値観を共有するためには、その価値観が客観的であるという確信とともに、「反省」的な意識と、それを支える「自由な探求」という習慣を後世に残すことが必要である。こうした状況を表わす言葉に、社会的な状態としての「自信（confidence）」[30]を彼は割り当てている。

ローティ（*Richard McKay Rorty, 1931－2007*）

反-本質主義

解釈学を提唱し、ネオ・プラグマティズムの旗手と目されていたローティも、相対主義を批判する考え方に対して、反論を展開した思想家の一人である。しかし、彼の主張は相対主義とは言い切れない面も持っている。

彼は、デイヴィドソンの仕事に依拠しつつも、「共約可能（commensurable）」という考え方に対して異義を唱え[31]、従来の認識論の「知識についての理論がなければならず、知識は基礎を持つという確信」を崩そうとしている[32]。

これまでの哲学の流れにおいて、視覚との比喩で語られてきた知識は「世界の側に真の本質があって、これを発見することがわれわれの義務である[33]」という仕方で、すなわち、実在する自然に正確に対応して真理を鏡のように映し出す能力を人間に与える「鏡のような本質（Glassy Essence）」によって可能になるとされてきた[34]。ここから生じる「内的表象としての知識」という概念は、デカルト以来の心と物体との二元論に結びつき、知識の問題はわれわれの「内的表象の正確さ」の問題となった。

しかし、知識は「表象の正確さ」の問題ではないと考えれば、内的な鏡は必要ではなくなる。問題は人間の知識が実際に「基礎」を持っているかどうかではなく、持っていると主張することに意味や整合性があるかどうかである[35]。

たとえば、セラーズ[36]とクワインが展開している全体論は、知識の正当化を、言葉（観念）とその対象との関係で考えるのではなく、むしろ「会話」すなわち「社会的実践」との関係で問題としている[37]。それは「知る主体」と「実在」との間の交渉である「実在との遭遇」としての真理ではなく、プラグマティックな、「われわれにとって信じた方がよいもの」としての真理を選ぶことだ。

ローティが認識論に代わって提唱する「解釈学」は、従来の認識論の基盤である、私と他者の共通の「本質の認識」や「意見の合理的一致」、「共約化の追求」などを放棄する。「解釈学的循環」、つまり、全体がいかに動くかを知らなければその部分を理解できず、また部分についての理解がなければ全体がいかに動くかを把握できないという考えに従えば、理解は論証というよりも個人と知り合いになることに似ている。知識は、共約化を目指す学知（エピステーメー）というよりは、生きることの知（フロネーシス）の問題となる[38]。

われわれの言明や行為は単に整合的なだけではなく、何ものかに「対応」している、というプラトンから続いている哲学的衝動は、全てを見下ろす超越的・特権的な立場、いわば、神の視点から出てきたものでしかない[39]。そうではなくて、現に生活の中で生きているわれわれの採るべき道は、別の存在者を仲間として受け容れる「会話」という社会実践の継続であり、知恵とは「会話」を維持する能力の中にこそある。それは、私と他者の共通の本質の認識や真理の発見ではないが、一致への希望を失わないような会話であり、人間を正確な記述が可能な存在と見るのではなく、むしろ「新たな記述を創造する者」と考えることである。[40]

彼はクーンの科学革命後の理論を、「すでに存在しているものの、より優れた記述」[41]ではなく、こうした「新たな記述」と捉えている。ローティの唱える啓発的哲学は、真理の発見のためにあるのではなく、会話の継続のためにある。われわれの知恵とは、会話に参加するために必要な実践知（practical wisdom、これはフロネーシスと同義であろう）なのである。[42]

ローティは、「客観性」の概念をリニューアルしたと言えるかもしれない。彼は「伝統的な客観性」を「事物を実際あるがままに表象すること」と捉える。それに対抗して、「議論の合理的参加者たちの合意によって選ばれた理論の持つ特質」としての、「プラグマティックな客観性」を提示している。[43] 自分を「自然の鏡」として共約性を探すこと、つまりあらゆる可能な記述を一つに還元して再記述を不必要なものにすることは、人間の視点ではなく、神の視点に立とうとする野望を持つことである。[44] そうした非人間化によって「会話」を打ち切らせることに、啓発的哲学は異議を申し立て、「会話」を継続させねばならないのである。

「リベラル・ユートピア」と「連帯」

ところで、「実在」「真の本質」「客観的な観点」「言語と実在との対応」「共約化の追求」などを放棄するローティの立場は、「相対主義」と呼ばれることが多い。しかし彼はそう呼ばれることには疑念を持っている。[45] 彼のスタンスは、すでに存在している「真理」への収斂ではなく、むしろ「自由」の際限のない、繁殖するような実現としての、「リベラル・ユートピア」の終わりなき追求である。[46]

その「リベラル・ユートピア」は、次のように述べられる。リベラルな文化は「自己記述」をこそ必要としているのであって、啓蒙の科学主義が求めている「基礎」の体系を必要としているのではない。[47] これまで人間が築き上げてきた全てのボキャブラリーは、新しいわれわれの生の形式、文化、良心を作るための「道具」なのである。[48] そしてリベラルなわれわれは、[49] 多数の異なった人々に耳を傾ける「自由な議論」の成果を、それが何であれ「真である」とか「よい」と呼ぶのである。

ここでの真理の尺度は、平和・富・自由が達成されて、私的な信念や欲求の追求に惑わされることなくそれらが編み直される（再記述される）条件が整った民主的な制度のもとでの、「歪められていないコミュニケーション」なのである。[50] ローティは道徳的な進歩があることを認める。そしてそれは人間の「連帯（solidarity）」に向かっていると主張する。それは「苦痛への同情と残酷さの回避」を重要なポイントとする。すなわち「連帯」とは、「全ての人類の中に核心となる自己や人間の本質を認めるという思考ではない。むしろそれは、苦痛や屈辱を与えるという点での類似性と比較するならば、伝統的な差異（種族、宗教、人種、習慣、その他）を重要ではないものと理解していく能力——われわれとかなり異なっている人々を「われわれ」の範囲に含めるという能力としての思考なのである[51]」。

セラーズは、義務が成り立つのは「間主体的な妥当性」の範囲、すなわち「われわれは皆〜を欲している」と言う時の「われわれ」の範囲とした。それにはミラノ人、ニューヨーカー、白人男性、などのメンバーシップを共有する集団が含まれる。しかしわれわれは、これまでそうしてきたように、「彼ら」とみなしている人々ともその類似性を察知して、「われわれ」の範囲を拡張し続け、もっと広い範囲の「連帯」感覚を創造するように努めなければならない。[52] われわれの生は二つの側面を持っている。私的な側面では、特定の人への愛や憎しみ、何かを成し遂げた達成感といった価値が存在し、われわれはそうした中で自律性を発揮して自己を創造しようとする。他方、公共的な側面では、「自由」は疑う余地のない価値であり、そこでは「あなたは苦痛を被っているのですか」という「苦痛への同情と残酷さの回避」に関わる問いが「連帯」にとって重要である。この二つの側面を「人間の本質」などで一つにまとめるのではなく、両側面を区別するとともにそれらの各々の意味が尊重されて一人の人間の中で実現されることによって、「リベラル・ユートピア」は達成されるのである。[53]

マクダウェル（*John Henry McDowell, 1942–* ）

道徳法則から徳へ

客観的な道徳についてユニークな展開を行なっている論者の一人に、マクダウェルがいる。彼は、道徳的な価値の実在を、義務論や功利主義などが提唱する成文化された道徳原則ではなく、「徳ある人」という形で考えている。これは「徳倫理学」の基本的な形態である。従来の倫理学は、行動原則の本性の探究と、それが行為の正当化に関わるものであるという「外から内への」見解を採っている。これに対して、彼は、徳を持つ人から正しい行動の概念へと、「内から外へと」向かって把握しようとする。[54]

では、「徳を持っている」とはどのようなことか。たとえば親切の徳を持っている人は、親切にするような状況から、そうすることが要求されていることを感じ取る感受性（知覚能力）を持っている。そして、そうした状況からの要求が、彼が親切に振る舞う理由となる。親切さの徳は、他人の感情や権利への配慮も、親切に振る舞う理由と見て取る感受性を含み、この意味で公正さにも関わっている。つまり一つの徳を持っている人は全ての徳の感受性を持っている。徳ある人は、勇気ある行為を行なう理由と、危険から逃げ出したいという理由とを比較して、後者を「抑えている」のではなく、後者の理由は「沈黙（silencing）」させられるものとして把握されている。徳ある人とはそのような意思の状態にある人である。

では、近代の考え方に従って、徳という知は、何らかの命題内容として、道徳規則の形で「定式化」されなければならない（行為推論の大前提として成文化されねばならない）のだろうか。この考えは「合理性とは定式化された普遍的な原則のもとで規則通りに同じことをし続けることだ」という偏見に基づいている。しかし、普遍的に定式化された一連の規則では捉えられない個別の状況は必ず出てくるのであり、合理性の行使は成文化できず、個々の場合の把握に訴えなければならない。

「人はどう生きるべきか」についての見解が成文化できないのなら、徳ある人は自分の正しい判断をどのように説明できるのか。マクダウェルが提案するのは、アリストテレスの見解、すなわち、徳ある人の行為への欲求を担うのは、彼の「人間はどんな生を送るべきかについての概念全体」と、「目前の状況についての個別知」との相互作用である、というものである。自分の人生を「どんな生を送るべきかについての概念」によって導いている人は、それぞれの機会に個別の状況でのある事実を、状況についての「突出した（salient）」事実として認知し、複数の関心の他のものを「沈黙」させ、正しい関心を選び出し、その関心に基づいて行為する。たとえば、友人の幸せへの関心が、ある友人が弱っていて慰めを求めているという気づき（「どんな生を送るべきかについての概念」がそこに内包されている）とあいまって、その友人を慰めるために、楽しいパーティーへの出席を取りやめるという行為を導く。

このような徳ある人の行為の仕方はその人の内側からしか把握できず、徳の合理性は外在的な立場から証明することはできない（そうした科学的とも思われている証明は実は幻想にすぎない）。しかし、それは自分勝手で主観的なものではない。道徳的なものの見方の枠組みをなす概念的装置は、実在の特定の側面から印象を受ける能力と等置することができる。ただ、それは成文化不可能であり、われわれの世界の部分である倫理的現実に対応する能力の獲得の困難さを表わしているプラトンの倫理的なイデアとも重なる。どう振る舞うかを知っているのは、成文化された普遍的原則の適用によるのではなく、状況をある独特の仕方で見る人であることによってなのである。

グライス（*Herbert Paul Grice, 1913－1988*）

合理性の能力による絶対性

さて、これまで述べたように、ローティは「客観的な視点や実在」を新たなボキャブラリーを生み出さないものとして否定しているのであるが、しかし彼の述べる「連帯」に必要とされているのは、結局はお互いの「会話」が通じ合うことなのではないだろうか。「会話」が通じ合うということは、やはり何かが共有されているとも言える。その点では、デイヴィドソンの主張も的外れとは言えないように思われる。マクダウェルは「合理性」の新たな見直しを提示したが、次に紹介するグライスも、それとは別の仕方で、われわれの「共有」する「合理性」を基に、「客観的な視点や実在」を提唱している。

グライスは、オースティン[55]のもとで言語の使用と文脈の関係を研究する語用論に打ち込み、言葉の意味を話者の意図（intention）の問題とする『論理と会話』などを著わした。

彼が遺した哲学的な諸論文では、以下の主張がなされている。[56] 彼はまず、存在を物理的な諸要素に還元できるものとして捉える還元主義的な考え方（唯物論・物理主義）に反対する。彼は、「われわれが必要とする説明の豊かさを手に入れるためのより優れた見通し」を、言い換えれば、「存在を世界の説明という文脈で捉える試み」を展開する。その上で、「世界を理解するための説明を組み立てる[57]」ために必要なものに「存在」の地位を与える、という方向を持つ構成主義的なプログラムに基づいて、「存在」の場所を確保する。

そして、アリストテレスの自然学に基礎をおく「有機体の持続」を、実在する「目的」と考え[58]、「合理性の能力」によってその「目的」を達成する過程で、われわれ自身を、目的それ自体の望ましさやふさわしさを問うことができる「価値設置者（value-fixer）」としての「パーソン」として捉えることで、因果関係による説明からの離脱を行なう。

その上で、個々の人々の価値の相対性を認めつつも、絶対的な価値の存在を主張する。すなわち、生きていく（生存していく）ために目的を設定し、理由や正当化に基づいて「推論」を行なうことのできるわれわれの「合理性の能力」の共通性を根拠として、世界を説明するのに不可欠な仕方での絶対的な価値の存在を確保するのである。(59)

結　語

これまで見てきたように、相対主義には様々な形態があり、それらはまた、絶対主義と同様に、われわれと世界についての何らかの理解を導くための、真剣な取り組みである。相対主義の考えでは、われわれは海に浮かぶ孤島だということになるかもしれない。だから、相互に理解し合い、共に生きていくためには、相応の努力を払う必要があるだろう。他方、絶対主義の立場では、われわれは孤島に見えるけれども、海の底では一つの地面につながっているということになるかもしれない。その一つの地面がどのようなものかを見つけることが、相互理解やコミュニケーションにとって重要なものとなる。そのような相対主義と絶対主義、そしてどちらにも明確に位置づけられない考え方を検討することによって、われわれの世界理解はいっそう広がりと深まりを持つことができるのである。

註

■第2章

（1） 以下のソフィストに関する記述は、田中美知太郎（一九七六）に多くを負っている。

（2） ヒポクラテス「空気、水、場所について」第一四－一五節参照。なお、ヒポクラテスの遺伝に関する考え方（獲得形質の遺伝）は、もちろん、現在の通説とは趣を異にする独自のものである。

（3） 『両論』は、セクストス・エンペイリコスの写本の裏面に題名も著者名もなしに伝えられ、十六世紀に古典学者のステパノスが『ディアレクセイス』という題名をつけた。著者にはキュレネやヒッピアスなどの候補が挙がっているが、確定されていない。山口（一九九七）参照。

（4） 内山勝利編（一九九七）、二三九－二四三頁。

（5） ハイニマン（一九四五）、第二章、第三章、参照。

（6） この言葉は「万物の尺度は人間である」とも訳される。「人間」と「尺度」がどちらも主格であるため、この文は「A＝B」という形式であろう。したがって、「人間」と「尺度」のどちらを主語においても構わないと思われる。英訳はMcDowell（1973）, p.16の訳を引用した。「人間は万物の尺度である（a man is the measure of all things）」の解釈であるが、「人間」は伝統的な解釈では「人類」の意味に解するものが多いが、マクダウェルはそれを「僕や君」といった「個々の人」と捉えている。この把握はテキストの引用した箇所の記述ともマッチしている。彼は、‘I know x what it is’ を ‘I know x that it is f’ と解し、‘I am a measure of x that it is f’ を ‘My judgement that x is f is authoritative’ として考えている McDowell, op.cit., pp.118－119。なお、この相対主義の主張は「知識は感覚か」という『テアイテトス』のベースになる問いや「万物流転」に結びつけられているヘラクレイトス説などと連動しているため、単純な扱いが困難であることを明記しておく。

（7） *Theaetetus*, 152A－C. 翻訳は岩波書店版『プラトン全集』所収の田中美知太郎訳に準拠した。［　］内は引用者の挿入。なお、入不二（二〇〇二）では、「人間」の射程をソクラテスの解釈を超えて「人類」という枠にさえ収まらない何かである可能性を探っている。また、加藤（一九九六）五四頁では「プロタゴラスの場合、この相対性は、それぞれの国における風俗習慣、法習（nomos）の相対性である」と述べられている。

（8）当時のアテネは、ペロポネソス戦争でスパルタに敗れ、直後にできた三十人の寡頭政権の崩壊後、民主制に戻っていた。政治党派が敗戦の責任をなすりつけ合っていた時期である。親スパルタの三十人政権の主要人物にソクラテスの関係者が何人もいたこと、また、政治は専門家に任せるべきだという主張をしていたことが、彼自身もアテネの民主制に敵対的だとみなされていたようである。またソクラテスは、不特定多数による中傷が告発の元にあるとも考えており、それらを「古くからの告発者たち」からの告発としている。その中傷とは以下のものである。一、空中や地下のことを思案し調べている。二、弱い議論を強弁している。三、これらのことを他人に教え込んでいる。最初にこれらに対する弁明を行ない、そこで「不知の知」が述べられている。そして、実際にソクラテスが告発された理由を以下のように提起する（『弁明』24B－C）。一、国家の認める神々を認めていない（無神論者だ）。二、新しい神格（鬼神・ダイモーン）を導入している。三、若者たちを堕落させている。当時のアテネの裁判においては、あらかじめ定められた刑罰はなく、告発者メレトスは起訴状の終わりに死刑を提案した。ソクラテスはそれに対して弁明を行なった。ここで、神命に従って知を愛し求めながら哲学の生を続けること、「対話による自他の吟味」を続けていくことが述べられる。五百人の陪審員は一回目の投票を行ない、二八〇対二二〇で有罪に決定した。次に刑罰を決めるためのソクラテスの弁明が行なわれ、彼は死刑の対案として、迎賓館での食事（オリンピックなどの勝者と国の功労者や外交使節への待遇）、罰金（裁判員の日当の六十倍とも、職人の給与八年半分とも、諸説あり）を提案した。陪審員の二回目の投票は、死刑三六〇人、罰金一四〇人となり、死刑が確定した。この裁判には、当時二十八歳のプラトン、友人クリトンなどが出席していた。以上については、ブリックハウス＆スミス『裁かれたソクラテス』、『エウテュプロン／ソクラテスの弁明／クリトン』朴一功・西尾浩二訳を参照した。

（9）クリトンの熱心な脱獄の勧めを退けて、ソクラテスはアテナイの獄中にとどまり死を迎えることを選ぶ。その二人の対話を綴ったものが『クリトン』という対話篇である。「悪法も法なり」という言葉が有名だが、これは後世の創作である。プラトンのテキストにはソクラテス自身が国法を悪法と言っている箇所はなく、むしろ彼は国法を生涯一貫して素晴らしい法律であると支持していた。では、なぜソクラテスは逃亡せずに死を受け入れたのか。国法に従わない場合にはポリスの破壊がもたらされるから（Woozley 1980, pp.299－318）、逃亡し人々が彼に不信を抱けば、彼と対話する者はいなくなり、寛大なアテネでの、あるいは逃亡先での吟味の生が成立しなくなるから（Colson 1989, pp.27－55, Irwin 1986, pp.400－415）、といった様々な見解がある。私は、ソクラテスと国法との関係は、一人の市民とその「外部」に存在する制度との関係ではなく、ソクラテスは如何なる時にも常に同一を保つ「合理性」（それは国法を含んでいる。それは説得によって改変可能であるが、ソクラテスは自分を説得してくれるような言論にはついに出会わずに終わった）とどのように向き合うか、というものであったと考えている。そして、「何よりも害を加えてはならないはずの、お前自身やお前の友達、お前の祖国と、私たち国法」（54c）と同列に述べられているように、国法の破壊は、そのままソクラテス自身の「合理性」の破綻、自らの存在の破綻に他ならなかったのではないか。「よく」すなわち「正しく」ということへの関わりなくして「ひと」の「生きること」は語り得ないのであり、「正しさ」に関わる合理性は、「かのもの（魂）」の存在がいまだ語り得ないところで、ロゴスの連鎖によって私達の生をまさに生として成り立たせる根元的な求心力を持っているということを、ソクラテスは文字通り身をもって語ってくれたのではないだろうか。長友敬一（二〇〇三）参照。

（10）『ソークラテースの弁明・クリトーン・パイドーン』田中美知太郎訳（一九八一）、一九頁

（11）納富（二〇〇三）では、従来の「無知の知」や「不知の知」は誤りであり、「不知の自覚」とすべきであると主張している。以下、その主張を検討する。

「不知の知」に関わるテキストとして『ソクラテスの弁明』から改変したものを挙げる。

テキスト1：善美の事柄について、ソクラテスは「知らないので ὥσπερ οὖν οὐκ οἶδα（a）、そのとおりに知らないと思っている οὐδὲ οἴομαι（b）」（21D）

テキスト2：神はソクラテスを一例にとって「人間たちよ、ソクラテスのように、知恵という点では真実にはなににも値しないとギグノースケイン（γιγνώσκειν）している者が、お前たちのうちでもっとも知恵のある者なのだ」と言おうとしているかもしれない（23A－B）

以下、テキスト1をT1、テキスト2をT2と、また、納富（二〇〇三）をA、納富（二〇一二）をBと表記する。

ソクラテスは、対話による自他の吟味によって、善美の事柄については、いわゆる知者と言われている人たちが「知らないのに知っていると思い込んでいる」ことを確実なものとして導き出す。ソクラテスが立つ場所は、この「思い込み（ドクサ）」と対比される。

納富は以下のように述べている。「この「知る／思う」の明確な区別こそ、「知を愛し求める」（フィロソフィエン）営みとしての「哲学」の出発点となる。それは、ソクラテスのように自分がはっきりと「知らない」という自覚を持つ場合にだけ、その知らない対象を「知ろう」とする動きが始まるからである」（B一二八頁）。本書著者もこの主張は正しいと考え、共有している。

さて、問題はここからである。従来は前記T1の主張に、「自分が「知らない」ということを「知っている」」と、ある種の「知」を割り当て、「無知の知」「不知の知」としてきた。納富はそれを誤りであるとし、「自分が「知らない」という思い」（B一二五頁）という意味で、「不知の自覚」とすることを提起している。その理由は、いかなる意味であれ「知」という語を用いることは、ソクラテスを「特別な知者」（B一二九頁）として扱うことになり、ソクラテスの営みと異なることになる。そしてそもそも、テキストもそれを支持していない、というものである。納富は多くの箇所を挙げているが、ここでは前述のT1とT2の箇所を追ってみたい。

T1について：納富は、ソクラテスは「知らないので、そのとおりに知らないと思っている」と主張しても、決して「知らないということを、知っている」と定式化してはいない、と述べる（A三九頁）。確かに、ソクラテスはそのような言い方をしている。

しかし、それはT1の（b）のみを見ればそういうことになるが、われわれは（a）の確実性を見逃すべきではない。その「私は知らない」という言明の確実さと明瞭さは、「思い」の範囲を超えている。もし納富の言うように、ここに「思い」のみを読みとるべきなら、「知らないと思っているので、そのとおりに知らないと思っている」と（同語反復的に）言うべきではないだろうか。しかしソクラテスはそのように言ってはいない。

T2について：ここの「ギグノースケイン」には、Liddell and Scott の希英辞書では、perceive という意味もあるが、come to know が最初に示されている。そして従来は「知る」とか「悟る」という訳があてられている。しかし、納富は「認識する」と訳し、註で「「知る」とは異なる」ことを強調している（B三七頁）。また、その状態は、神の知恵ではないけれども、「人間的な知恵（ἀνθρωπίνη σοφία）」（B三六頁）と言われている。だが、納富はそれを「「不知」の一種であり、神の知恵との対比では無にすぎない」と注釈している（B三七頁）。

しかし、ソクラテスはT2以前の箇所で、この「人間的な知恵」の点で「私は知者なのかもしれない」と述べ、「人間に相応しい以上の知恵」については「そんな知識に与っていない」と述べている。そして、「私の知恵について、それがなにか知恵とよべるものかどうか（εἰ δή τις ἔστιν σοφία καὶ οἵα）」を神を証人として検討した（B二八頁）結果、改めて「人間的な知恵」に至る。そうであるならば、「人間的な知恵」を、「なにか知恵とよべるもの」、すなわち、何かの「知」、という言葉で扱っていいのではないだろうか。つまり、「神の知」と「人間的な知」の二種類が（両者には無限の隔たりがあり、後者をもって「知者」の呼称を得ることをソクラテスは許さなかったにしても）提示されているのである。さて、ここで三種類の立場が示された。「思い込み（ドクサ）」と「人間的な知」と「神の知」である。ソクラテスは「思い込み（ドクサ）」を吟味・批判し、「人間的な知」を確実な出発点・「ゼロの地平」（B一二七頁）として、「神の知（に近いもの）」を愛し求めたと言っていいのではないだろうか。

また日本語の問題として、「自覚」の意味は多くの辞書では「自分自身について、その状態や価値を、はっきり知ること」と同種の記述がされている。もし「知」を一切認めないのであれば、「不知の自覚」という言い方を改めて、「不知の思い」と表記すべきではないかとも思われる。「自覚」という日本語を使う時は「なにか知恵とよべるもの」が、意識されてかどうかはともかく、存在していると言える。

なお、中畑（二〇一五）は、『ソクラテスの弁明』(21B) の「わたしは自分が、大にも小にも、知恵のある者なんかではないのだということを自覚している」の「自覚する」は自己のあり方についての認識を知を含む形で表現している σύνοιδα ἐμαυτῷ」が知の表現を含んでおり、「ソクラテスの確信の表明である」と述べている。そしてこの箇所について、納富のBの訳は σύνοιδα に含まれる知の意味を表に出していないことを指摘している。また、納富のAで「大にも小にも知ある者ではない、と自らに証すのだから」と訳している点についても、「もしかりにこの箇所で証言的意味が含まれていたとしても、それは σύνοιδα に含まれる裏づけとなる知に支えられてのことであろう」と述べている（一三頁）。

以上の点を考慮して、本書での表記は「不知の知（不知の自覚）」とした（「不知」と「無知」の使い分けに関してはさらに多くのことを語らねばならないので、ここでは扱わない）。

(12)『ソクラテスの弁明・クリトン』三嶋輝夫・田中享英訳（二〇〇二）、講談社学術文庫、一三六-一三八頁。なお、［　］内は、引用者による挿入。

■第3章

(1)『プラトン全集1』「パイドン」松永雄二訳（一九八六）、岩波書店、二八〇-二八八頁。なお、［　］内は、引用者による挿入。

(2) ここにホッブズやミルへとつながる主張とそれへの批判を見ることもできよう。

(3)『国家』（上）第二巻360B-C、藤沢令夫訳（二〇〇二）、岩波文庫、一〇九-一一〇頁。

(4)『国家』（上）第二巻358E-359A、同前、一〇六頁。この考え方は、ホッブズの「社会契約論」（後述）を先取りしていると思われる。

(5)『国家』（上）第四巻431E-432A、同前、二九四-二九五頁。

(6)『国家』（上）第四巻442B-D、同前、三二五-三二六頁。

(7)『国家』（上）第四巻441D、同前、三二三頁。

(8) 松永雄二（一九九三）第九章、二二一頁の解釈に基づいた。

(9)『国家』（上）第四巻441D-442A、藤沢令夫訳（二〇〇二）、岩波文庫、三二三-三二四頁。

(10) Burnyeat (1980), p.80、「アリストテレスと善き人への学び」神崎繁訳（一九八〇）、井上忠・山本巍編訳『ギリシア哲学の最前線Ⅱ』、東京大学出版会、一〇六頁。

(11) ダマシオ（Antonio R. Damasio, 1944-）は、理性と情動は神経システムの上では独立していない、という神経科学的な研究の成果を提示している。また彼は、情動の欠如によって合理性が損なわれるという多数の臨床事例も提示している。それらの科学的な事実を踏まえて、動物や人間の赤ちゃんの生得的な（生まれつき持っている）初期の情動である「一次の情動（primary emotions）」と、認知的状態と身体状態が結びついて、経験に基づいた意図的な熟考を伴う情動である「二次の情動（secondary emotions）」とを区別している（Damasio 1994）。

プラトンの言う「パトス」は、非理性的な「受動」の状態であって、コントロールの主体がまだ私の側にないものとしての「衝動」であり、ダマシオの「一次の情動」に対応する（「衝動」とは文字通り「自分の外部から衝《つ》き動かされる」という意味である）。

他方、プラトンは、「高貴な怒り」や「美しいものを歓び醜いものを憎む」という情動や欲求のあり方にも言及している。これらは、「二次の情動」に対応する。彼が人のあり方に関わると考えているこうした情動や欲求は、われわれの経験や思考、ノモス（法）やロゴス、恥の意識などのネットワークと密接に絡み合っている、上位の感情・欲求である。それは理性と調和して、「適切な仕方で」欲求し、怒り、恐れることを可能にする。

(12)『国家』（上）第三巻401E－402A、藤沢令夫訳（二〇〇二）、岩波文庫、二一八－二一九頁。

(13)『国家』（上）第三巻399A－C、同前、二一一－二一二頁。

(14)『国家』（下）第六巻504A－E、同前、六九－七一頁。

(15)松永雄二（一九九三）、第九章、二二四－二二五頁。

(16)ウィリアムズ、森際・下川訳（一九八五）、五七－五九頁では次のように言われている。「プラトンの狙いという問題に戻るならば、それは自己についてのあるイメージを与えることであった。それは人が自らが何者であるかを正しく理解したならば、正義にかなった人生が自己に外在的な善ではなく（a good not external to the self）、それを追求することが合理的であることが分かる、そういったイメージである。プラトンにとっては、アリストテレスにとってもそうであったように、ある種の人生を追求すること、あるいはある種の人間になることが合理的であるならば、そのような事柄はエウダイモニアと呼ばれる満足するべき状態に導くものでなければならなかった（中略）私はそのような状態を現すためにwell－beingという表現を用いることにする。」

(17)『国家』（上）第四巻443C－E、藤沢令夫訳（二〇〇二）、岩波文庫、三二八－三二九頁。

(18)松永雄二（一九九三）一九一頁、二一一－二一三頁、二一八頁、二三〇－二三五頁、二四二頁、参照。

(19)松永雄二（一九八三）二四一－二四九頁。

(20)『国家（下）』第六巻508E、藤沢令夫訳（二〇〇二）、岩波文庫、八三－八四頁。［Rep. VI 508e］Τοῦτο τοίνυν τὸ

A　D　C　E　B

	A–D	D–C	C–E	E–B
	可視界・見られる種族		可知界・思惟によって知られる種族	
第Ⅵ巻	似姿	当の実物	ヒュポテシスから結末へ	ヒュポテシスから始原へ
	影・鏡像	動植物・人工物	幾何・算数・「学術」	
	思惑される物	認識される物	DCを似像として使用	感覚される物は用いない ロゴスが対話によって把握
	εἰκασία 映像知覚・間接的知覚	πίστις 確信・直接的知覚	διάνοια 悟性的思考・間接知 思わくよりは明瞭で知識よりは不明瞭	νόησις 知性的思惟・直接知・知識
第Ⅶ巻	思わくの状態・生成に関わる		知性のはたらき・実在に関わる	
			まず、計算術と数論 2番目に幾何学 3番目は空間図形 4番目に天文学 音楽・音階の調和も	ディアレクティケー（532B） それぞれのものの本質を説明する言論を求めて手に入れる 善の実相を他から区別し抽出して言論によって規定できる
第Ⅶ巻 三本の指の比喩		小指と薬指と中指 融合された指の数・大小・硬軟・軽重	別々に離された指の数・大小・硬軟・軽重	「一」とはそれ自体でそもそも何であるか 「大」とは、また「小」とは、そもそも何であるか

AC：CB ＝ AD：DC ＝ CE：EB

τὴν ἀλήθειαν παρέχον τοῖς γιγνωσκομένοις καὶ τῷ γιγνώσκοντι τὴν δύναμιν ἀποδιδὸν τὴν τοῦ ἀγαθοῦ ἰδέαν φάθι εἶναι.

(21) 線分の比喩を図式化すると上の図のようになる。

(22) 中畑正志（一九九二）、四〇、五〇頁では、以下のように述べられている。「知性と感能とのこの対比的関係、とりわけここ［第Ⅶ巻523A－524Dの三本の指の比喩の箇所］で主題的に扱われている視覚との対比的関係が、この箇所の語り方の枠組みとなっていることに注意しなければならない。この枠組みは、太陽の比喩に起源をもち、それ以来さまざまな箇所（「線分」「洞窟」「魂の向け変え」など）で繰り返し用いられてきた。当該箇所もそのような語り方の

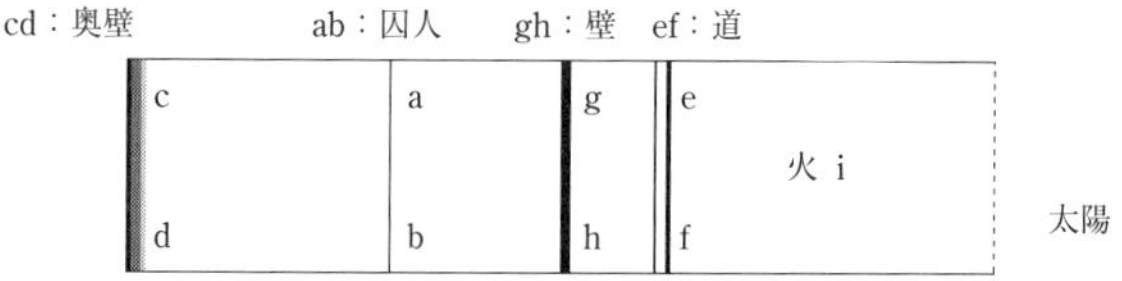

514A-	火に投影される影		像		太陽についての推論
		囚人の思わく			
517A-	視覚を通して現われる領域				思惟によって知られる世界
					善のイデア
	正義の影		正義の影の元にある像		正義そのもの

線上にあり、同時に、「魂の視覚」(519B3)と譬えられる知性と本来的意味での視覚との対比を、線分の比喩とともに、明らかにする役割を負っているといえよう(cf. 524C13)。しかし、何人も、上に見た記述から、知性について、それと魂との間に独立的で外在的な関係を想定することはしないであろう。ならば、感能、とりわけここで主題的に問題となっている視覚についても、魂から独立した自律性を与えるような記述は魂のかかわる一つのはたらきを知性と対比して説明するためのものである、と理解すべきではないだろうか。少なくとも、語り方の枠組の規制を考慮にいれるならば、諸感能が知覚動詞を述語にとる記述方式から、そのまま直接、感能が魂のはたらきとは独立に(混濁した)判断を行なう、という結論を導くことはできない。」「そもそもその知覚判断の内にすでに魂自身が関与していることに求められるべきではないか。」

(23) 図式化すると上の図のようになる。

(24) ウィリアムズ、森際・下川訳(一九八五)、五七-五九頁の以下の意見を参照されたい。「ソクラテスのイメージにはいま一つの特殊な帰結がある。それは彼が哲学の活性力に対してもっていた願望に関わる。ソクラテス、そしてある程度まではプラトンも、哲学の研究が、徳を発達させるその力を通して、人をwell-beingに導く唯一の道だと信じていた。理性的な哲学はwell-beingに導く洞察を与えるものとされた。これは哲学が内在的なニーズを満足させる方法を教えるか、さもなくば私たちのニーズについての新たな捉え方を理性的に形作ることができる、ということを意味した。（This meant that philosophy either taught means to satisfy needs that were innate, or else it enabled us rationally to form a new conception of our needs.）アリストテレスの発想はこれほど野心的ではない。これが、プラトンやソクラテスに比べたときのアリストテレスにおける心理および社会に関する事柄の強調という特徴とともに、アリストテレスの『倫理学』がいまなお倫理学をwell－beingおよび生きるに値する生についての考慮に基づくアプローチのパラダイムとして役立つ理由の一つなのである。アリストテレスにとっては人間は非物質的な魂ではなく、本質的に肉体をもったものであり、本質的に社会生活を生きるものである（For him, a human being is not an immaterial soul, but is essentially embodied and essentially lives a social life.）」

（25）『国家（下）』第七巻518D－519A、藤沢令夫訳（二〇〇二）、岩波文庫、一〇五頁。なお、［ ］内は引用者の挿入。

（26）松永雄二（一九九三）、二五六頁では知慮（フロネーシス）と同格の知解（ヌース）について以下のように述べている。「プラトンの場合、基本的にヌースというのは、われわれのたましい・こころのもっている一つの認識能力というようなもの――すなわち、われわれがそれを用いることによって何かイデアというような知性的対象を認識できるという一つの能力――ではなく、否むしろ、この「ヌース（知）をもつ」（＝知解する）ということは、われわれの認識の成就においてそこに初めて見出されるようなたましい・こころそのものの現実態を示すものだったのである。そしてまさにその意味でヌース（知解）というのは、たましい・こころ自身のあり方の純化＝達成としての「アレテー（徳）」に他ならなかったのである。」むろんこの徳の意味は、自然本性的に可能態（能力）にあるものが、現実態（アレテー）に達する、ということでは決してないだろう。その意味で「徳ある人」とは、「可能態なしの現実態」という存在なのかもしれない。

■第4章

（1）「形而上学」一巻一章、『ギリシアの哲学』藤澤令夫訳

（一九七二）、中央公論社、一二四−一二五頁。

（2）『ニコマコス倫理学（上）』一巻四章1095b、渡辺邦夫・立花幸司訳（二〇一五）、光文社文庫、三六−三七頁。

（3）Burnyeat（1980）, pp.71−72.「アリストテレスと善き人への学び」神崎繁訳（一九八九）、井上忠・山本巍編訳『ギリシア哲学の最前線Ⅱ』、東京大学出版会、九〇−九一頁。

（4）ibid., p.73. 同前、九三頁。

（5）菅豊彦（二〇一六）、二九頁。また、ロイドは、アリストテレスのイデア論批判を次の主旨でまとめている。一、論理学的批判。「プラトンは人間である」という時の「人間」といった一般述語からイデアが想定できるなら、「ドラえもんは非人間である」の「非人間」のイデアも想定しなければならなくなるが、明らかにそんなイデアはおかしい。また、「プラトンは人間である」の「人間」は「プラトン」とは「異なっている」が、だからといってそれが「実在する」とまでは言えない。二、イデアが範型で他の事物はこれを分有するという主張は比喩にすぎない。三、イデアは感覚的個物の生成・変化の原因ではありえない（ロイド『アリストテレス』川田殖訳（一九七三）、みすず書房、三八−四六頁）。また、アリストテレスは「机を机たらしめているものは何か」の答えになる真に存在する「実体（ウーシア）」を、「質料（素材）」と「形相（エイドス）」の複合した「個々の机」とした。彼は確かに「形相（エイドス）」を認めているが、これはプラトンの「形相（イデア）」とは異なる。ヌスバウムの次の意見を参照されたい。「アリストテレスの言いたいのはただ次のこと、すなわち、どの原理に関してであれわれわれの議論やいわば概念組織のまったく外側にあるような基礎といったものは何も与えられえないということです。」「プラトンと違いアリストテレスは、形相を個物に内在的なものだとみなしている、というのがそれです。たとえば犬の形相は、われわれが現に知覚できる個々の犬と離れていわば天上の犬そのものの国にあるようなものとして存在するのではなく、まさにこの現実世界の個々の犬というあり方において存在するのです。つまりそれは、現にいる個々の犬の本質なのであって、それから離れて存在するものではないのです」（「アリストテレス　マーサ・ヌスバウムとの対話」川口雅之訳（一九九三）、マギー編『西洋哲学の系譜』晃洋書房、三四頁、五〇頁）。イデア論批判はカテゴリーの問題からも指摘される。例えば「善い」が表わすのは、本質（神は善い、理性は善い）、性質（器量が善い）、分量（適度が善い）、関係（有用なのは善い）、時間（好機は善い）、場所（住むには善い）と多くの意味で語られ、全てに共通の一般的な意味を持つわけではない。共通の意味であるなら、カテゴリーは一つで済むはずだが、実際にはこのようにたくさんのカテゴリーが必要とされる。したがって、全てに共通の「善のイデア」は存在しない。

（6）『ニコマコス倫理学』二巻六章1106a、朴一功訳（二〇〇二）、京都大学出版会、七〇–七一頁。

（7）『ニコマコス倫理学』一巻七章1097b–1098a、同前、二八頁。

（8）『ニコマコス倫理学』二巻一章1103a–b、同前、五八頁。

（9）『ニコマコス倫理学』二巻三章1104b、同前、六二–六三頁。

（10）マクダウェル『心と世界』神崎繁ほか訳（二〇一二）、一四四–一四五頁。「第二の自然という観念について考えてみよう。この観念は、倫理的性格の形成のされ方をアリストテレスが説明する際にほぼ明確なかたちで現れている。倫理的性格は実践的知性に属する諸傾向を含むものである以上、性格形成の過程の一部として、実践的知性は一定の決まったかたちを獲得する。それゆえ、実践的思慮はその所有者にとって第二の自然なのである」「第二の自然は、有機体としての通常の人間に備わる種々の潜在能力から遊離したものではありえないだろう」

（11）『ニコマコス倫理学』十巻九章1179b–1180a、朴一功訳（二〇〇二）、京都大学出版会、四八七–四八八頁。

（12）『ニコマコス倫理学』三巻三章1113a、同前、一〇七頁。

（13）Burnyeat（1980）, p.81.「アリストテレスと善き人への学び」神崎繁訳（一九八九）、井上忠・山本巍編訳『ギリシア哲学の最前線Ⅱ』東京大学出版会、一〇九頁。

（14）ibid., p.86. 同前、一一八頁。

（15）ibid., pp.87–88. 同前、一二〇–一二一頁。

（16）徳倫理学は中世のトマス・アクィナスなどに受け継がれたが、近代になって、義務論と功利主義の影に隠れてしまっていた。それを二十世紀中盤以降の現代に復活させたのが、アンスコム（G. E. M. Anscombe, 1919–2001）である。彼女は「現代の道徳哲学」で次のように述べている。義務論も功利主義も、道徳的な善さを道徳法則に一致した「行為の正しさ」であると捉えているが、義務論の道徳法則の聖なる立法者という考えは現在では受け入れがたく、功利主義の結果主義も誤りである。倫理学で大切なのは、アリストテレスが探究した、幸福で生き甲斐のある「善い生」を送ることであり、それは「徳」によって達成される。そのためには、意図、欲求、快、行為についての新たな探究が必要となってくるのである。

(17) 感情の問題は、倫理だけでなく法にも及んでいる。一般的に、法律は情念ではなく理性に基づいて作られてきた、と考えられている。だが、ヌスバウム(Martha C. Nussbaum, 1947－)は、『感情と法』という著作の中で、時にアリストテレスに言及しつつ、法の起源として「感情」を挙げている。彼女は、「感情は評価的な判断を含み、また、評価判断に対応する感情がないと判断が矛盾なく行なえない」と主張している。つまり、非合理的な感情もあるが(先の第3章の註(11)のダマシオの「一次の情動」に対応するだろう)、ある種の感情は理性的な「思考」や信念に結びついており、「理に適っている」、すなわち合理的なのである(「二次の情動」に対応するだろう)。彼女は前者に、差別心と結びつく恥辱と嫌悪感を、後者には、平等の侵害や不正に対する怒り、証拠につなぎ留められた同情や共感などを挙げている。ここにもまた、「感情や欲求と理性との調和」という徳倫理学で論じられた問題が、新たな視点から採り上げられている。

なお、ヌスバウムは、後で述べるロールズ流のリベラリズムを、様々な価値観の全てを含む「重なり合う合意」を尊重する点で評価しているが、リベラリズムには少数派や社会的弱者への感情的な抑圧が存在することも見抜き、新たな観点から問いを立てている。センとの共同研究によってケイパビリティ・アプローチを提唱しているのも、その表われと言える(ケイパビリティ・アプローチについては、第11章で述べているので参照されたい)。

(18) 菅豊彦(二〇一六)、九六頁。

(19) Burnyeat (1980), p.72.「アリストテレスと善き人への学び」神崎繁訳(一九八九)、井上忠・山本巍編訳『ギリシア哲学の最前線Ⅱ』東京大学出版会、九一－九二頁。

(20) 『ニコマコス倫理学(上)』二巻二章1104a、渡辺邦夫・立花幸司訳(二〇一五)、光文社文庫、一〇九頁。

(21) 『ニコマコス倫理学(上)』二巻六章1106b、同前、一三一頁。

(22) 『ニコマコス倫理学』一巻七章1097b、朴一功訳(二〇〇二)、京都大学出版会、二六－二七頁、また、『政治学』〈アリストテレス全集第十七巻〉、神崎繁・相澤康隆・瀬口昌久訳(二〇一八)、岩波書店、二三頁。

(23) 『ニコマコス倫理学』八巻三章1156a－b、朴一功訳(二〇〇二)、京都大学出版会、三六〇－三六二頁。

(24)『ニコマコス倫理学』九巻九章1170b、同前、四三八頁。
(25)『ニコマコス倫理学』五巻一章1129a－b、同前、一九九頁。
(26)『ニコマコス倫理学』五巻一章1129b－1130a、同前、二〇一－二〇三頁。
(27)『ニコマコス倫理学』五巻二章1130b－1131a、同前、二〇六頁。
(28)『ニコマコス倫理学』一巻七章1097a－b、同前、二五－二六頁。

■第5章

(1)キケロ「義務について」『キケロー選集9』高橋宏幸訳（一九九九）、岩波書店、二九〇－二九一頁。
(2)アウグスティヌス『三位一体論』8巻7章10、翻訳は東谷孝一（二〇〇五）による。
(3)同前。
(4)アウグスティヌス『三位一体論』8巻6章9、翻訳は東谷孝一（二〇〇五）による。
(5)岡部由紀子（一九九九）、一四頁
(6)同前、一四－一五頁
(7)アウグスティヌス『三位一体論』14巻15章21、中沢宣夫訳（一九七五）。なお（　）内は引用者による原文の挿入。
(8)この項と次の項は稲垣（一九七九）に基づく。
(9)稲垣（一九九二）、一六八頁。
(10)同前、一六八－一六九頁。

■第6章

(1)ベーコン『ノヴム・オルガヌム』桂寿一訳（一九七八）、六九頁。
(2)同前、七〇頁。
(3)同前、八三－八六頁。なお、彼は「イドラ」には哲学の教説や誤った論証の規則による「外来的なもの」と、知性そのものの本性に内在する本有的なものがあると述べている。後者はいかにしても取り除くことができないので、それらを指摘し、非を認めさせ、古い誤謬を根絶するように努めるしかない（四二－四三頁）。
(4)同前、七三頁。
(5)同前、七七頁。
(6)同前、一五四－一五五頁。
(7)『マトリックス』はウォシャウスキー兄弟（アンディー&ラリー）監督のSF映画である。平凡な生活を送っていた主人公は、「今の生活は実は夢ではないか」という考えに悩まされていた。ある日彼の前に「この世界はＡＩの作った、マトリックスという名のヴァーチャル・リアリティーだ」と告げる集団が現われ、仮想世界マトリックスで生きるか、「現実の世界」で生きるかの選択を迫る。「現実の世界」を選んだ主人公は、ある操作の後、培養液で満たされたカプセルで、脳に電極をつながれた状態で目覚める。ＡＩの反乱によって、人類は電源として、栽培され、培養されており、活性化のためにマトリックスを経験させられていたというわけだった。主人公は「予言された救世主」として、仲間とともに、「現実の世界」とマトリックスの空間を行き来しながら、人類を救うためにＡＩとの戦いを展開する。二〇〇三年の続編『マトリックス　リローデッド』では、主人公は実はマトリックスの創設者による「プログラムされた存在」であることが明かされる。同年には第三弾『マトリックス　レボリューションズ』も公開された。様々な日本アニメの影響が濃厚で、コンピュータ用語や認識論を駆使し、ハードなアクションシーンも交え、クールで哲学的な世界を提供した。プラトンの「洞窟の比喩」、デカルトの「方法的懐疑」、パトナムの「培養液の中の脳」など、哲学的な主題との関わりの中で、この作品をめぐって、多くの論文が書かれ、学会発表も行なわれている。

(8) デカルト『方法序説』落合太郎訳（一九五三）、岩波書店、四五頁。

(9) スピノザ『エチカ』畠中尚志訳（一九五一）、岩波文庫、一七二‐一七三頁。

(10) ライプニッツ『単子論』河野与一訳（一九五一）、岩波文庫、一二三‐一二五頁。

(11) ベルクソン『物質と記憶』熊野純彦訳（二〇一五）、岩波文庫、一六‐一七頁。

(12) メルロ＝ポンティ『知覚の現象学』竹内芳郎・小木貞孝訳（一九六七）、みすず書房、三二四‐三二六頁、『知覚の現象学』中島盛夫訳（一九八二）、法政大学出版局、三二七‐三二九頁、『メルロ＝ポンティ・コレクション』中山元訳（一九九九）、筑摩書房、五二‐五五頁。

(13) ライル『心の概念』坂本百大・宮下治子・服部裕幸訳（一九七九）、みすず書房、六一頁。

(14) 同前、六二頁。

(15) 同前、一五五頁。

(16) 同前、一五九頁。

(17) これに対しては、感覚質（クオリア）、志向性、多重実現による心的能力の氾濫（リベラリズム）など多くの問題が立ちはだかっている。

(18) ここでも、中国語の部屋、クオリア、逆転スペクトル、メアリーの部屋、哲学ゾンビその他の問題が山積している。

(19) ラッセルの現象主義、ハクスリーの随伴現象説、チャーマーズの性質二元論、ペンローズの量子脳理論、スマートやブレイスのタイプ物理主義、デイヴィドソンの非法則的一元論、チャーチランドらの消去主義的唯物論、サールの生物学的自然主義、表象主義、道具主義、目的論的機能主義、心脳一元論、実体二元論など多くの説が存在している。

(20) 長友敬一（二〇〇八）参照。

(21) 『パンセ』（上）塩川徹也訳（二〇一五）解説一、ならびに塩川徹也（二〇一四）『パスカル『パンセ』を読む』に、『パンセ』成立と変貌の経緯が詳細に記述されている。

(22) パスカル『パンセ』〈世界の名著24〉、前田陽一・由木康訳（一九六六）、中央公論社、一八二頁。

(23) 同前、二〇四頁。

(24) 『パンセ』（下）解説二、塩川徹也訳（二〇一六）、三八五頁。

(25) 同前、四〇二頁。

(26) 同前、四一一頁。

(27) 同前、四一六-四一七頁。また、人格の無条件な価値については（パスカルとは異なる基礎づけではあるが）、後述のカントの項を参照。

(28) 『パンセ』（上）塩川徹也訳（二〇一五）、三七五-三七六頁。

(29) パスカル、前掲書、三九六頁。

(30) 塩川徹也（二〇一四）『パスカル『パンセ』を読む』、二〇五頁。

(31) 同前、二二五頁。

■第7章

(1) 『ホッブズ』〈世界の名著23〉、永井道雄責任編集（一九七一）、中央公論社、一五九頁。

(2) 『ホッブズ』〈世界の大思想13〉、水田洋・田中浩訳（一九六六）、河出書房新社、八五頁。

(3) 同前。

(4) 『リヴァイアサン』（一）、水田洋訳（一九九二）、岩波文庫、二一六-二五九頁。

(5) 『リヴァイアサン』（二）、同前、三二一-三四頁。

(6) 『ホッブズ』〈世界の名著23〉、永井道雄責任編集

（一九七一）、中央公論社、二二八頁。

■第8章

（1）『統治論』伊藤宏之訳（一九九七）、柏書房、一六一－一六二頁。

（2）『統治二論』第二篇六節、加藤節訳（二〇〇七）、岩波書店、一九二頁。

（3）『統治二論』第二篇二十七節、加藤節訳（二〇〇七）、岩波文庫、二一二頁。

（4）『統治論』伊藤宏之訳（一九九七）、柏書房、二二二頁。

（5）同前、三〇八－三〇九頁。

（6）「利己愛（アムール・プロープル）と自己愛（アムール・ド・ソワ）を混同してはならない。この二つの情念は、その性格においても、その効果においても、きわめて異なるものなのである。自己愛は自然な感情であり、すべての動物たちはこの自己愛のために自己保存に留意するようになる。人間においては、理性に導かれ、憐れみの情によって姿を変えられることを通じて、自己愛から人間愛と美徳が生まれる。これにたいして利己愛は、社会の中で生まれる相対的で人為的な感情である。それぞれの個人はこの感情のために自分をほかの誰よりも尊重するようになる。そして人々はこの感情のために他者にあらゆる悪をなすことを思いつくのであり、さらに名誉心の真の源泉でもある」（『人間不平等起源論』中山元訳（二〇〇八）、光文社文庫、二五七頁）。

（7）『人間不平等起源論』本田喜代治・平岡昇訳（一九三三）、岩波文庫、七四－七五頁。

（8）『人間不平等起源論』中山元訳（二〇〇八）、光文社文庫、一〇〇頁。

（9）『人間不平等起源論』本田喜代治・平岡昇訳（一九三三）、岩波文庫、八五頁。

（10）「全体意志と一般意志のあいだには、時にはかなり相違があるものである。後者は、共通の利益だけをこころがける。前者は、私の利益をこころがける。それは、特殊意志の総和であるにすぎない。しかし、これらの特殊意志から、相殺しあう過不足をのぞくと、相違の総和として、一般意志がのこることになる」。『社会契約論』桑原武夫・前川貞次郎訳（一九五四）、岩波文庫、四七頁。

（11）國貞克則「「顧客の創造」ドラッカーに学ぶ企業の第一目的とは」https://allabout.co.jp/gm/gc/412333/（2019.08.09）参照。

（12）『社会契約論』桑原武夫・前川貞次郎訳（一九五四）、

岩波文庫、一三三頁。

(13) 細川亮一（二〇〇七）『純化の思想家ルソー』九州大学出版会、三頁。

(14) 同前、六頁。

(15) 同前、二〇三－二〇四頁。

(16) 同前、一九〇－一九一頁。

(17) 同前、二九〇頁。

(18) 浅田淳一（二〇〇三）「ルソーの『社会契約論』を読む」『西日本哲学年報』第一一号、七六頁。なお、オリジナルにある傍線並びに原文を省略していることをお断わりしておく。

■第9章

(1) カント『道徳形而上学の基礎づけ』中山元訳（二〇一二）、光文社文庫、二三二頁。

(2) 坂部恵（二〇〇一）、二九八－二九九頁。

(3) カント『道徳形而上学の基礎づけ』宇都宮芳明訳（一九八九）、以文社、二五頁。

(4) 『純粋理性批判』では、最高善として道徳性と「幸福」の一致が述べられる。なお、ペイトンは、人間は有限な被造物であるがゆえに、完全に善い意志ではなく、感覚的な欲求や傾向などの「主観的制限」という障害物によって影響されるゆえに、善い意志は、人間にとってはそのような障害物にもかかわらずなすべき行為として、すなわち義務として現われる、したがって、「善意志は、人間的制約下にあっては、義務にもとづいて行為する意志である」と述べている。ペイトン『定言命法』杉田聡訳（一九八六）、行路社、六五頁。

(5) 『純粋理性批判』では、理性は幸福を目的とする実用的な法則と、幸福になるに値する実践的な法則の、二つの法則のもとで働くとされる。

(6) カント『道徳形而上学の基礎づけ』宇都宮芳明訳（一九八九）、以文社、七〇頁。

(7) 同前、七九頁。

(8) 同前、一二五頁。

(9) 同前、一二六－一二七頁。

(10) カント『実践理性批判』波多野精一・宮本和吉・篠田秀雄訳（一九七九）、岩波文庫、一八一頁。

(11) カント『道徳形而上学の基礎づけ』宇都宮芳明訳（一九八九）、以文社、一四六頁。

(12) カント『実践理性批判』波多野精一・宮本和吉・篠田秀雄訳（一九七九）、岩波文庫、二六二－二六三頁。

(13) 同前、三一七頁。
(14) カント『道徳形而上学の基礎づけ』中山元訳（二〇一二）、光文社文庫、一一四－一二二頁、また、川島秀一（一九九五）、九〇－九一頁、G・パスカル『カントの哲学』メランベルジェ／橋田和道訳（二〇〇九）、一七九頁参照。
(15) カント『永遠平和のために』宇都宮芳明訳（一九八五）、岩波文庫、一五頁。

第10章

(1) 『統治論断片』永井義雄訳（一九八二）、永井義雄『ベンサム』〈人類の知的遺産44〉、講談社、一五八頁。
(2) ベンサム『道徳および立法の諸原理序説』〈世界の名著38〉山下重一訳（一九六七）、中央公論社、八一頁。
(3) ベンサム『道徳および立法の諸原理序説』〈世界の名著38〉山下重一訳（一九六七）、中央公論社、八三－八四頁。
(4) サンデル『これからの正義の話をしよう』鬼澤忍訳（二〇一〇）、早川書房、五二－五五頁。
(5) ベンサムの功利主義は、むしろ質の差を設けないところにその特徴があったとも言える。であるならば、ミルは「修正」を行なったというよりも、新しいバージョンを作ったと言えるかもしれない。船木亨（一九九八）一八頁では、ベンサムの功利主義について次のように言われている。「功利主義は、低級とされる快楽も、高級とされる快楽も、同様に追求して差支えないと考える。それらを差別しないことが、重要なのである。J・S・ミルの疑義にもかかわらず、功利主義において本質的なことは、快楽の質的差異に価値評価を設けないことであった。」
(6) ミル『功利主義論』〈世界の名著38〉伊原吉之助訳（一九六七）、中央公論社、四七〇頁。
(7) ミル『ミル自伝』朱牟田夏雄訳（一九六〇）、岩波文庫、一二八頁。
(8) ミル『自由論』塩尻公明・木村健康訳（一九七一）、岩波文庫、二四頁。

第11章

(1) もちろん、社会主義にも共産主義にも様々な来歴と形態がある。ここでは狭義の意味での社会主義を共産主義と近似のものとして、資本主義に対比される概念として扱うことにする。
(2) 池上彰（二〇一四）一五七－一六二頁、納富信留

（二〇一五）一六一頁参照。

（3）ロールズ『正義論』第一章第三節、川本隆史・福間聡・神島裕子訳（二〇一〇）、紀伊国屋書店、一八頁。

（4）正義の二原理は『正義論』第二章第十一節で以下のように定義されている（同前、八四頁）。

第一原理　各人は、平等な基本的諸自由の最も広範な〔＝手広い生活領域をカバーでき、種類も豊富な〕制度枠組みに対する対等な権利を保持すべきである。ただし最も広範な枠組みといっても〔無制限なものではなく〕他の人びとの諸自由の同様〔に広範〕な制度枠組みと両立可能なものでなければならない。

第二原理　社会的・経済的不平等は、次の二条件を充たすように編成されなければならない――（a）そうした不平等が各人の利益になると無理なく予期しうること、かつ（b）全員に開かれている地位や職務に付帯する〔ものだけに不平等をとどめるべき〕こと。

第二原理の「各人の利益」には効率性原理（パレート最適）と格差原理の二つの解釈が成り立ち、「全員に開かれている」には才能に開かれた職業選択としての平等と公正な機会均等としての平等という解釈が成り立つ。そこで共に後者の解釈をとった「リベラルな平等」の立場から、第二原理は第二章第十三節で次のように書き改められる（同前、一一四頁）。

第二原理　社会的・経済的不平等は、次の二条件を充たすように編成されなければならない――（a）そうした不平等が最も不遇な人びとの期待便益を最大に高めること、かつ（b）公正な機会の均等という条件のもとで全員に開かれている地位や職務に付帯する〔ものだけに不平等をとどめるべき〕こと。

なお、第五章第四十六節では、法や経済といった制度への適用などのそれまでの諸定式を包含する完全な言明がなされる（同前、四〇二‐四〇三頁）。

第一原理　各人は、平等な基本的諸自由の最も広範な全システムに対する対等な権利を保持すべきである。ただし最も広範な全システムといっても〔無制限なものではなく〕すべての人の自由の同様〔に広範〕な体系と両立可能なものでなければならない。

第二原理　社会的・経済的不平等は、次の二条件を充たすように編成されなければならない。

（a）そうした不平等が、正義にかなった貯蓄原理と首尾一貫しつつ、最も不遇な人びとの便益に資するように。

（b）公正な機会の均等の諸条件のもとで、全員に開かれている職務と地位に付帯する〔ものだけに不平等がとどまる〕ように。

（5）ロールズ『正義論』第二章第十七節、川本隆史・福間聡・神島裕子訳（二〇一〇）、紀伊国屋書店、一三五－一三六頁。

（6）ノージック『アナーキー・国家・ユートピア』序、嶋津格訳（二〇〇〇）、木鐸社、ｉ頁。

（7）同前、第七章、二五五－二六〇頁。

（8）同前、第七章、二七二頁。

（9）セン『不平等の再検討』池本幸生・野上裕生・佐藤仁訳（一九九九）、岩波書店、五九－六〇頁。

（10）センの記述については、長友（二〇〇七）に多くを負っている。

■第12章

（1）モンテーニュ『エセー』（一）、原二郎訳（一九九一）、岩波文庫、二一三－二一六頁。

（2）ヘルダー、小栗浩・七字慶紀訳（一九七五）、一〇〇－一〇六頁、一七四頁。

（3）以下、Kelsen（1952）ならびにKelsen（1949）参照。

（4）プラトンの『第七書簡』は、実はプラトンが書いたものではなく偽作である可能性も議論されてきたが、決定的な解決には至っていない。田中（一九七九）三九四－四二〇頁、松居正俊（一九七〇）などを参照。

（5）この点に関してKelsen（1949）では、価値判断を二つに分けて論じている。一つは、前提とされる規範に適合する行為を正しいものとみなし適合しない行為を不当で悪いものとみなす価値判断で、これは客観的なものである。もう一つは一般的な規範を前提としないもので、そこでは規範や目的を立てることも含まれ、ケルゼンはこうした規範や目的自体（最高価値）を含む価値判断を、主観的で、それゆえしばしば衝突をもたらすものだと考えている。

（6）概念相対主義と並んで、指示対象の同一性の問題も論じる必要があるかもしれないが、本書ではその点には触れないこととする。

（7）ウィトゲンシュタインはウィーンの富裕な製鉄業者のもとに生まれ、ベルリンの工科大学を経て、ケンブリッジ大学でラッセルやムーアのもとで論理学を学んだ。そこでケインズとも交友を得ている。第一次大戦に志願兵として従軍し、戦後は小学校の教師などを経験してケンブリッジ大学で教授になった。主著に『論理哲学論考』『哲学探究』があり、言語哲学や分析哲学に多大な影響を与えている。

（8）以下、図①〜④、⑥はHanson（1958）から引用。

（9）Hanson（1958）第一章参照。

（10）このような持って回った言い方をしたのは、大方の意見に反して、クーン自身が自分の主張が相対的ではないと述べている箇所があるからである。Kuhn（1970）p.205参照。

（11）ibid., p.viii.「パラダイム」は元来ギリシア語のパラデイグマ（範型）に由来し、ラテン語において語形変化表の模範例の意味となった。クーンの用いる「パラダイム」は、時期によってもその意味に変化がみられる。通常科学のパラダイムで説明ができない変則的な事例が蓄積すると、新しいパラダイムが取って代わり「科学革命」が起きる。パラダイムは後の論文では「専門母型」と置き換えられた。

（12）ibid., p.11.

（13）ibid., pp.5－6. なお、クーンの「科学革命」は「幾度も起こる」ため、複数形で表わされているが、第6章で述べた歴史上の「科学革命」は単数の固有名詞であることに注意されたい。

（14）ibid., p.85.

（15）ibid., p.90.

（16）ibid., p.92.

（17）ibid., p.113.

（18）ibid., p.102.

（19）ibid., pp.149－150. 本書第1章、一一－一二頁参照。

（20）ibid., p.103.

（21）ibid., p.121.

（22）この「通約不可能」を、デイヴィドソンは「相互に翻訳不可能」と解する。Davidson（1974b), p.190、また、後述のデイヴィドソンの箇所を参照。

（23）Winch（1958）参照。

（24）ibid., pp.31－33.「言語ゲーム」や「生活形式」についての優れた解説は、飯田（一九九七）、三五〇－三五六頁参照。

（25）Winch, op.cit., pp.38－42.

(26) ibid., pp.78 - 81.
(27) ibid., pp.119 - 120.

■第13章

(1) Beauchamp & Bowie (2004), p.8.
(2) 加藤尚武（一九九七）、二三〇－二三二頁。
(3) クワインの記述には、Quine（1960）をはじめとして、丹治（一九九七）、冨田（一九九四）などを参考にした。
(4) Quine (1960), p.27. なお、「翻訳の不確定性」が「経験主義の二つのドグマ」、すなわち、①意味だけで真である「分析的な言明」と世界にも依存して真が言える「綜合的な言明」には根本的な分裂がある、②経験的な世界についての有意味性は、世界を表現する言明全体のうちの一つ一つの言明に振り分けられる、という主張への排斥と関連して述べる必要があるが、ここでは立ち入らない。この点に関しては、McDowell (1994), pp.129 - 131 参照。
(5) デイヴィドソンの言葉を借りれば、クワインは、ある種の文はその意味を刺激のパターンに直接結びつけるが、それ以外の文の意味の場合、それがいかにして観察文へと条件付けられているかによって決まる。こうした条件付けは、意味によって真である文と観察に基づいて真であることになる文との分割を許さない。その点をクワインは、もしある話し手の発話の満足のいく解釈の仕方が一つあるならば、他にも満足のいく解釈の仕方があるという仕方で示した。これが「翻訳の不確定性（indeterminacy of translation）」である（Davidson 1983, p.145）。
(6) 金田一京助（二〇〇四）『ユーカラの人びと　金田一京助の世界1』〈平凡社ライブラリー495〉藤本英夫編、平凡社、一六－一七頁。
(7) Quine (1960), pp.58 - 59
(8) 以下、Davidson（1973）参照。
(9) ibid., p.128
(10) タルスキ（Alfred Tarski, 1901 - 1983）はポーランドで活躍し、後にアメリカに渡った偉大な数学者・論理学者。「SはPという場合にだけ真である」はコンベンションTと呼ばれる。
(11) ibid. p.132. コンベンションTと、それが真であると宣言する「話し手よって語られた「草は緑だ」は草が緑である場合にだけ真である」は、語られた言葉が何を意味するかと世界がどのようになっているのかに依存し、それ以上の概念枠やものの見方に関わる相対主義は存在していない、とデイヴィドソンは語っている（Davidson 1983, p.139）。

なお、「論理形式の問題が解決されれば、量化理論の論理定項も否応なく対象言語の中に見出される」ことになるとDavidson（1974a）, p.151 では述べられている。Davidson（1983）, p.148 も参照。

（12）Davidson（1973）, p.135. もちろん、発話には嘘、命令、物語、皮肉なども発話者の態度として検出されうるが、基本的には発話者の文は真であるとして処理してよい。

（13）Davidson（1974b）, p.197.

（14）Davidson（1983）, p.148.

（15）Davidson（1973）, p.137.

（16）Davidson（1983）, p.143－144.

（17）Davidson（1973）, p.143. この言明の意味は、外界から感覚に与えられる光線や分子の衝撃を原因として、信念が結果として生じるが、それは「信念の正当化」には至っていない、ということである。つまり、「原因（cause）」を理由（reason）に変形する」ことは困難な試みであり、「因果的な仲介者」を「認識的な仲介者」にすることはできないことを示唆している。「われわれが気づいている内的な出来事の原因が何なのかを知るために、皮膚の外側に出ていくことはできない」からである（ibid., p.144）。「斉合説を受け容れる大きな理由の一つは、概念枠と、対応を待っている「世界」、という二元論が理解不可能だという点にある」（ibid., p.140）。

（18）Davidson（1983）, p.141

（19）ibid., p.146

（20）ibid., p.137. また彼は、ある程度の規模の信念の体系は大体において真であり、偽とみなされる信念をあまりにも多く抱いていると言うことはありえず、信念はその本性上、信頼できるものだという考えも表明している。なお、デイヴィドソンの「真理と知識の斉合説」に対して、マクダウェルなどが反論を行なっている。McDowell（1994）第一講義の第六節 pp.13－18、Afterword の Davidoson in Context, pp.130－161、Postscript to Lecture VI, pp.184－186 などを参照。マクダウェルは、言語の役割を、何が何の理由なのかについての知恵が歴史的に蓄積された「伝統の貯蔵庫」と位置づけ、そのような言語の習得が人間を成熟過程において「陶冶（Bildung）」すると考えている（ibid., pp.125－126）。この「陶冶」とは、アリストテレス的な「第二の自然」の獲得によって自らの眼を理由一般へと開かせることである。それによって人間は、環境のうちで単なる生物学的な要求に応えるだけの動物的な生き方とは袂を分かち、合理的に結びあわされた概念能力のネットワークからなる「自発性」（何を考えるべきかを経験の引き渡すものに照らして決めることができる能動的な自己批判活動において行使される能力）によって世界のうちで理由を考量したり何をすべきかを決定したりする自由を持った自分の生を営むようになる。そして、共有された言語のうちに具現された伝統によって、その言語でコミュニケーションするすべての者は地平（理由の論理空間：第14章の註（36）参照）が与えられ、地平の融合として、伝統間の境界を越えたコミュニケーションが理解される。ところが、デイヴィドソンは、コミュニケーションに不可欠な、伝統の貯蔵庫である共有された言語を認めていないのである。彼の言う言語とは、せいぜいのところ、個人言語間における説明できる範囲の一致の省略表現でしかないのである（ibid., pp.184－185）。マクダウェルがデイヴィドソンに抱いている不満の根底には、デイヴィドソンがマクダウェルの提起している「経験的知識の体系は自発性と受容性の協働の結果である」という考えを拒否して、受容性が理由の空間にその外側からしか干渉できないとしている点である（ibid., pp.138－139）。

（21） Davidson（1974b）, pp.184－185.

（22） ウォーフ（Benjamin Lee Whorf, 1897－1941）はアメリカの言語学者で、ネイティブ・アメリカンと中央アメリカ民族の言語について研究し、ホピ語の研究ならびに言語相対主義で知られている。

（23） ibid., p.184, pp.186－187. つまり、異なる概念の枠組みを語る時、われわれは、われわれに理解できる言葉、例えば日本語を用いて語るほかはない。そして日本語で語ることができるということは、日本語の持っている（他の言語と共有している）概念枠を、その概念も共有していることになるのである。また、ニュートンの理論はアインシュタインの理論のうちの、極端に高速ではない運動系に当てはまるものとして考えることもできる。

（24） ibid., p.184.

（25） Davidson（1974b）, p.196.

（26） Davidson（1974a）, p.153.

（27） Davidson（1974b）, p.198.

■第14章

（1） トロッコ問題はトロリー問題とも呼ばれる思考実験である。二股に分かれた線路の片方に五人、もう一方に一人の作業員が働いていた。そこにブレーキの壊れた電車が五人の方に突進してきた。作業員は気づいていない。あなたは二股の分岐点において、電車の進路を切り替えることができる。五人を救うために一人の方へ切り替えることは道徳的に許されるのか?という問題である。功利主義的には五人の方を救うべきであり、義務論的には誰かの人格を他の目的のために利用してはいけないので、手出しをしてはいけないことになる、というのが一般的な意見である。派生問題として、線路上の歩道橋から一人を突き落としたら電車が止まる場合、五人を救うためにその一人を突き落としていいか?というものもある。前者は機器の操作であるが、後者は意図的な突き落としとなり、ともに五人を救うために一人を犠牲にするという状況ではあるが、答えに大きな違いが生じる場合がある。サンデルの『これからの正義の話をしよう』三二－三五頁でも詳細に取り上げられている。なお、徳倫理学的な第三の選択肢として、「いかなる殺人にも関わりたくない」という答えもあるかもしれない。

（2）以下、Foot（1978）を参照。

（3）Mackie（1977）, p.15.

（4）ibid., p.42.

（5）ibid., p.35.

（6）ibid., pp.36－37.

（7）ibid., p.39.

（8）ibid., p.42.

（9）ibid., p.106.

（10）ibid., p.173.

（11）ibid., pp.84－85, p.193, pp.199－200.

（12）ibid., p.239.

（13）以下の命題は、Williams（1972）, p.171 の記述を若干改訂している。

（14）Williams, op.cit. 参照。

（15）この用語は、Williams（1985）, p.180 参照。

（16）以下は、Williams（1975）ならびに Williams（1985）参照。

（17）Williams（1975）, pp.175－185、邦訳三二八－三四九頁、Williams（1981）, p.139.

（18）Williams（1975）, p.183.

（19）しかし、ウィリアムズは別の箇所では、隔たった過去の社会についても「正しい・不正である」という評価が可能であることを述べており、その態度は一貫していないようにも見える。Williams（1985）, p.182 参照。

（20）Williams（1985）, p.187.

（21）ibid., p.156.

（22）「反省」については少し説明を加える必要がある。異文化に直面した時に人は既存の概念を適用したり、その概念を「反省」したりして、倫理的な思考が常にその領域を超えて拡張されると考える。「反省」によって、人々はそれまで持っていた社会の中で方向づけを与えている信念や知識にとって本質的な諸概念を用いることができなくなり、既存の信念を形成できなくなる、つまり知識が破壊されることもある。そして、人々は「反省」によって別の倫理の下に行動すべきことになる。しかしわれわれは倫理知を失う過程で、理解を手に入れることになる。

（23） ibid., p.222.

（24） ibid., pp.171－172.

（25） ibid., p.59.

（26） ibid., p.58.

（27） ibid., p.58.

（28） ibid., p.224.

（29） マクダウェルはウィリアムズのアリストテレス理解を批判しているが（McDowell 1994, p.79, n.11）、ウィリアムズは大枠としては、倫理的な思考を倫理的ルールに依存させるのではなくて具体的な文脈において考えるという方向を向いていると考えていいだろう。なお、ウィリアムズの「濃い倫理的概念（thick ethical concept）」に対して、ヌスバウム（Martha Craven Nussbaum 1947－）などは、アリストテレスは「薄い（thin）倫理的概念」による定義を考えていたとする立場をとる。渡辺（二〇一二）七三－八五頁参照。

（30） Williams（1985）, p.189.

（31） Rorty（1979）, p.316.

（32） ibid., p.7.

（33） Rorty（1989）, p.75.

（34） Rorty（1979）, p.37.

（35） ibid., p.178.

（36） セラーズ（Wilfrid Stalker Sellars, 1912－1989）はクワインと並ぶアメリカの哲学者で、長年ピッツバーグ大学で研究と教育に従事した。Sellars（1997）では、われわれは多数の概念を持つことなしに一つの概念を持つことはできない（たとえば「これは緑色だ」と気づくためには、他の色との差異、色の体系をすでに持っていなければならない）とし、「これは緑色だ」という報告が正しいのは、報告者による、言語共同体において認められ支持されるのが合理的であるような一般的な行動様式の一例となる場合だとした。ある出来事や状態を「知っている」とするのは、その発話者が自分の発話を正しいと知っていることであり、それが可能であるのは「理由の論理空間」、つまり、人が述べている事柄を正当化するための前提となる多くの知識が支え合って成り立っている論理空間の中においてなのである。

（37）Rorty（1979）, p.172.

（38）ibid., pp.318 – 319.

（39）ibid., pp.178 – 179.

（40）ibid., p.378.

（41）ibid., p.344.

（42）ibid., p.372, p.377.

（43）ibid., pp.333 – 342.

（44）ibid., pp.376 – 377.

（45）Rorty（1989）, pp.44 – 46.

（46）ibid., p.xvi.

（47）ibid., p.52.

（48）ibid., pp.53 – 56.

（49）ローティはリベラルなわれわれを、客観的な真理を求める形而上学者に対比してラディカルで継続的な疑いを抱き続ける「アイロニスト（ironist）」の態度と、後に述べる「連帯」を求める「リベラル（liberal）」な態度を併せ持つ者として考えている。

（50）ibid., pp.84 – 85.

（51）ibid., p.192.

（52）ibid., pp.194 – 196. 彼は『連帯と自由の哲学』の最初の方で「われわれプラグマティストが望んでいるのは、客観性を連帯に還元することである」と語っている。

（53）ibid., p.198.

（54）以下、McDowell（1979）を参照。

（55）オースティン（John Langshaw Austin, 1911 – 1960）は日常言語学派の立役者で、発話行為の研究で知られている。

（56）Grice（1986b）、Grice（1991）、Grice（2001）などを参照。

（57）Burnyeat（1980）を参照。

（58）この考え方は、マクダウェルがMcDowell（1994）, p.79で指摘する「アリストテレスが人間の自然本性についての独立した事実から倫理学の要請を構成しようとした」という時代錯誤的な読み込み、すなわち「倫理学の自然主義的な基礎づけ」に重なるように見えるかもしれない。しかしグライスが拒否しているのはそうした「倫理学の自然主義的な基礎づけ」であり、彼の「価値設置者」としての「パーソン」の議論には、マクダウェルが否定する "We disconnect our rationality from our animal being, which is what gives us our foothold in nature.”（ibid., p.85）という発想ではなく、むしろ、彼の主張する、人間の成熟過程において備わる理由の要求に応答できる「陶冶（Bildung）」としての「第二の自然」（ibid., p.84）や「概念能力」、「自発性」と近親な発想が見られると思われる。マクダウェルは“we need to see ourselves as animals whose natural being is permeated with rationality”（ibid., p.85）とも述べている。マクダウェルが「第二の自然」を“the way our lives are shaped by reason is natural”という仕方で述べ（ibid., p.88）、「アリストテレスの人間の概念においては、合理性は人間の自然本性にとって必須の部分である」として、「自然に関する現代の一般的な捉え方」に対して「あたかも理性的であることが、われわれを動物界の外側に配置すると言わんばかりに、理性がわれわれの動物的な自然から分離される」と批判した（ibid., pp.108－109）のと同じ方向を、グライスもまた異なる経路から志向していると言えないだろうか。

（59）このような観点からのグライスの哲学的な思想の解釈は、長友（二〇一二）を参照。

文献一覧

Aristoteles, *Ethica Nicomachea,* ed.I. Bywater（1979）Oxford：Oxford University Press.

Beauchamp, Tom L. & Bowie, Norman E.（2004）*Ethical Theory and Business : Seventh Edition*, New Jersey：Pearson Prentice Hall.

Burnyeat, Myles Frederick（1980）“Socrates and the Jury”, *The Aristoterian Society Supplementary*, Vol.54, pp.173－206.（邦訳：天野正幸訳（一九八六）「ソクラテスと陪審員たち」井上忠・山本巍編訳『ギリシア哲学の最前線Ⅰ』東京大学出版会、一四六－一七三頁）

――――（1980）“Aristotle on Learning to be Good”, A.O.Rorty ed., *Essays on Aristotle’s Ethics*, University of California Press, 1980, pp.69－92.（邦訳：神崎繁訳（一九八九）「アリストテレスと善き人への学び」、井上忠・山本巍編訳『ギリシア哲学の最前線Ⅱ』東京大学出版会、八六－一三二頁）

Colson, D. D.（1989）“Crito 51A－C：to what does Socrates owe obedience?”, *Phronesis* 1989. Vol. XXXIV/1.

Damasio, Antonio R.（1994）*Descartes’ error : emotion, reason, and the human brain*, New York：reprinted in Quill, 2000.

Davidson, Donald（1973）“Radical Interpretation”, *Inquiries into Truth and Interpretation*, Oxford：Clarendon Press, 1984, pp.125－139.（邦訳：金子洋之訳（一九九一）「根元的解釈」、野本和幸・植木哲也・金子洋之・高橋要訳『真理と解釈』勁草書房、一二一－一四三頁）

――――（1974a）“Belief and the Basis of Meaning”, ibid., pp.141－154.（邦訳：高橋要訳（一九九一）「信念、および意味の基礎」、同前書、一四四－一六六頁）

――――（1974b）“On the Very Idea of a Conceptual Scheme”, ibid., 1984, pp.183－198.（邦訳：植木哲也訳

（一九九一）「概念枠という考えそのものについて」、同前書、一九二－二一三頁）

———（1983）“A Coherence Theory of Truth and Knowledge”, *Subjective, Intersubjective, Objective*, Oxford：Clarendon Press, 2001, pp.137－157.（邦訳：丹治信春訳「真理と知識の斉合説」『現代思想』Vol.17－7、青土社、一七二－一八九頁）

Foot, Philippa Ruth（1978）“Moral Relativism”, J.W. Meiland and M. Krauze ed. *Relativism : Cognitive and Moral*, Notre Dame, Indiana：University of Notre Dame Press, 1982, pp.152－166.（邦訳：常俊宗三郎・戸田省二郎・加茂直樹訳（一九八九）「道徳的相対主義」、J・W・メイランド／M・クラウス編『相対主義の可能性』産業図書、二八四－三一四頁）

Grice, Herbert Paul（1986a）“Actions and Events”, *Pacific Philosophycal Quarterly*, 67, pp.1－35.

———（1986b）“Reply to Richards”, Richard E. Grandy and Richard Warner ed., *Philosophical Grounds of Rationality*, Oxford：Clarendon Press, pp.45－106.

———（1991）*The Conception of Value*, Judith Baker ed., Oxford：Clarendon Press.

———（2001）*Aspects of Reason*, Richard Warner ed., Oxford：Clarendon Press.

Hanson, Norwood Russell（1958）*Patterns of Discovery : An Inquiry into the Conceptual Foundations of Scienc*, Cambridge：Cambridge University Press.（邦訳：村上陽一郎訳（一九八六）『科学的発見のパターン』講談社文庫）

Irwin, T. H.（1986）“Socratic Inquiry and Politics”, *Ethics*, 96.

Kelsen, Hans（1949）“Natural Law and Doctrine before the Tribunal of Science”, *What is Justice? Justice, Law and Politics in the Mirror of Science, Collected Essays by Hans Kelsen*, University of California Press, 1957.（邦訳：上原行雄訳（一九七五）「科学の法廷における自然法論」、宮崎繁樹・上原行雄・長尾龍一・森田寛二訳『ハンス・ケルゼン 正義とは何か』木鐸社、五五－一一一頁）

———（1952）“What is Justice?”, *What is Justice? Justice, Law and Politics in the Mirror of Science, Collected Essays by*

Hans Kelsen, University of California Press, 1957.（邦訳：宮崎繁樹訳（一九七五）「正義とは何か」、同前書、一－五四頁）

Kuhn, Thomas Samuel（1970）*The Structure of Scientific Revolutions,* 2nd ed., Chicago：University of Chicago Press.（邦訳：中山茂訳（一九七一）『科学革命の構造』みすず書房）

Mackie, John Leslie（1977）*Ethics-Inventing Right and Wrong*, London：Penguin Books.（邦訳：加藤尚武監訳（一九九〇）『倫理学――道徳を創造する』哲書房）

McDowell, John（1973）*Plato Theaetetus*, Oxford：Clarendon Press.

――――（1979）"Virtue and Reason", *Mind, Values, and Reality,* Cambridge, Massachusetts：Harverd University Press, 1998.（邦訳：荻原理訳（二〇〇八）「徳と理性」『思想』No.1011、岩波書店、七－三三頁）

――――（1983）"Aesthetic Value, Objectivity, and Fablic World", ibid.

――――（1994）*Mind and World : With a New Introduction*, Cambridge, Massachusetts：Harverd University Press.（邦訳：神崎繁・河田健太郎・荒畑靖宏・村井忠康訳（二〇一二）『心と世界』勁草書房）

Platon, *Platonis Opera Tomvs I,* ed. Ioannes Burnet（1979）Oxford：Oxford University Press

Platon, *Platonis Opera Tomvs IV,* ed. Ioannes Burnet（1902）NewYork：Oxford University Press

Quine, Willard van Orman（1960）*Word and Object*, Cambridge, Massachusetts：The MIT Press.（邦訳：大出晁・宮舘恵訳（一九八四）『ことばと対象』勁草書房）

Rorty, Richard（1979）*Philosophy and the Mirror of Nature : Thirtieth-Anniversary Edition*, Prinston, New Jersey：Prinston University Press.（邦訳：野家啓一訳（一九九三）『哲学と自然の鏡』産業図書）

――――（1989）*Contingency, irony, and solidarity*, Cambridge ; New York：Cambridge University Press.（邦訳：齋藤純一・山岡龍一・大川正彦訳（二〇〇〇）『偶然性・アイロニー・連帯――リベラルユートピアの可能性』岩波書店）

Sellars, Wilfrid Stalker（1997）*Empiricism and the philosophy of mind*, Cambridge, Massachusetts：Harverd University

Press.（邦訳：神野慧一郎・土屋純一・中才敏郎訳（二〇〇六）『経験論と心の哲学』勁草書房）

Williams, Sir Bernard Arthur Owen（1972）“An Inconsistent Form of Relativism”, J.W. Meiland and M. Krauze ed., *Relativism : Cognitive and Moral*, Notre Dame, Indiana : University of Notre Dame Press, 1982, pp.171–174.（邦訳：常俊宗三郎・戸田省二郎・加茂直樹訳（一九八九）「一貫性を欠く形の相対主義」、J・W・メイランド／M・クラウス編『相対主義の可能性』産業図書、三一一－三一七頁）

——（1975）“The Truth in Relativism”, ibid., pp.175–185.（邦訳：常俊宗三郎・戸田省二郎・加茂直樹訳（一九八九）「相対主義の含む真理」、同前書、三一八－三四九頁）

——（1985）*Ethics and the Limits of Philosophy*, Oxon : Routledge Classics, 2011.（邦訳：森際康友・下川潔訳（一九九三）『生き方について哲学は何が言えるか』産業図書）

Rorty, Richard（1981）*Moral Luck*, Cambridge : New York : Cambridge University Press.

Winch, Peter Guy（1958）*The idea of a social science and its relation to philosophy*, London : Routledge & Kegan Paul.（邦訳：森川真規雄訳（一九七七）『社会科学の理念——ウィトゲンシュタイン哲学と社会研究』新曜社）

Woozley, A. D.（1980）“Socrates on Disobeying the Low”, G. Vlastos ed., *The Philosophy of Socrates*, Indiana.

アウグスティヌス（Augustinus, Aurelius）『三位一体論』中沢宣夫訳（一九七五）、東京大学出版会

アリストテレス（Aristoteles）「形而上学」一巻一章、『ギリシアの哲学』藤澤令夫訳（一九七二）、中央公論社

——『ニコマコス倫理学』〈西洋古典叢書〉朴一功訳（二〇〇二）、京都大学出版会

——『ニコマコス倫理学（上）』渡辺邦夫・立花幸司訳（二〇一五）、光文社文庫

——『エウデモス倫理学』〈アリストテレス全集第十六巻〉荻野弘之訳（二〇一六）、岩波書店

——『政治学』〈アリストテレス全集第十七巻〉神崎繁・相澤康隆・瀬口昌久訳（二〇一八）、岩波書店

浅田淳一（二〇〇三）「ルソーの『社会契約論』を読む」『西日本哲学年報』第一一号、六五－七八頁

飯田隆（一九九七）『ウィトゲンシュタイン——言語の限界』講談社

池上彰（二〇一四）『おとなの教養』ＮＨＫ出版
稲垣良典（一九七九）『トマス・アクィナス』勁草書房
――（一九九二）『トマス＝アクィナス』清水書院
入不二基義（二〇〇一）『相対主義の極北』ちくま学芸文庫
――（二〇〇六）「プロタゴラス説のあるべき姿」ギリシャ哲学セミナー編『ギリシャ哲学セミナー論集』Ⅲ、
一五－三〇頁
内山勝利編（一九九七）『ソクラテス以前哲学者断片集　第Ⅴ分冊』岩波書店
岡部由紀子（一九九九）『アウグスティヌスの懐疑論批判』創文社
加藤信朗（一九九六）『ギリシア哲学』東京大学出版会
加藤尚武（一九九七）『現代倫理学入門』講談社学術文庫
川島秀一（一九九五）『カント倫理学研究』晃洋書房
菅豊彦（二〇一六）『アリストテレス『ニコマコス倫理学』を読む』勁草書房
カント（Kant, Immanuel）『実践理性批判』波多野精一・宮本和吉・篠田秀雄訳（一九七九）、岩波文庫
――『道徳形而上学の基礎づけ』宇都宮芳明訳（一九八九）、以文社
――『道徳形而上学の基礎づけ』中山元訳（二〇一二）、光文社文庫
――『永遠平和のために』宇都宮芳明訳（一九八五）、岩波文庫
キケロ（Cicero）「義務について」『キケロー選集9』高橋宏幸訳（一九九九）、岩波書店
金田一京助（二〇〇四）『ユーカラの人びと　金田一京助の世界1』〈平凡社ライブラリー495〉藤本英夫編、平凡社
グライス、ポール（Grice, Paul）『理性と価値　後期グライス形而上学論文集』岡部勉訳（二〇一三）、勁草書房。
サンデル（Sandel, Michael）『これからの正義の話をしよう』鬼澤忍訳（二〇一〇）、早川書房
坂部恵（二〇〇一）『カント』講談社学術文庫
塩川徹也（二〇一四）『パスカル『パンセ』を読む』岩波書店

スピノザ（Spinoza, Baruch de）『エチカ』畠中尚志訳（一九五一）、岩波文庫
セン（Sen, Amartya）『不平等の再検討』池本幸生・野上裕生・佐藤仁訳（一九九九）、岩波書店
田中美知太郎（一九七六）『ソフィスト』講談社学術文庫
――（一九七九）『プラトンI　生涯と著作』岩波書店
丹治信治（一九九七）『クワイン――ホーリズムの哲学』講談社
デカルト（Descartes, Rene）『方法序説』落合太郎訳（一九五三）、岩波書店
冨田恭彦（一九九四）『クワインと現代アメリカ哲学』世界思想社
長友敬一（二〇〇三）「生を支えるもの――プラトン『クリトン』篇の考察」西日本哲学会編『西日本哲学年報』第十一号、一一-一六頁。
――（二〇〇五）「ソクラテス」「プラトン」村松茂美・小泉尚樹・長友敬一・嵯峨一郎編『はじめて学ぶ西洋思想』ミネルヴァ書房
――（二〇〇七）「平等　セン」土井文博・萩原修子・嵯峨一郎編『はじめて学ぶ社会学』ミネルヴァ書房
――（二〇〇八）「第一章　知識はどのように考えられてきたか」「第二章　なぜ知識に倫理が必要なのか」渡部・長友・大屋・山口・森口『情報とメディアの倫理』所収、ナカニシヤ出版
――（二〇一二）「ポール・グライスにおける価値の実在と絶対性」『文学・言語学論集』第一九巻第二号（通巻第三八号）、一一-一六頁
――（二〇一三）「相対主義の変遷」熊本学園大学『文学・言語学論集』第二〇巻第一号（通巻第三九号）、一-四六頁
中畑正志（一九九二）「プラトンの『国家』における〈認識〉の位置」日本西洋古典学会編『西洋古典學研究』四〇、岩波書店
――（二〇一五）「自己知の原型とその行方――二つの格言をめぐって」『古代哲学研究』四七号、一-一八頁

ヌスバウム（Nussbaum, Martha C.）『感情と法』河野哲也監訳（二〇一〇）、慶應義塾大学出版会
納富信留（二〇〇三）「ソクラテスの不知――「無知の知」を退けて」『思想』九四八号、三七‐五七頁
――（二〇一五）『プラトンとの対話』岩波新書
納富信留訳（二〇一二）『プラトン　ソクラテスの弁明：クリトン』講談社学術文庫
ノージック（Nozick, Robert）『アナーキー・国家・ユートピア』嶋津格訳（二〇〇〇）、木鐸社
ハイニマン（Heinimann, Felix）(1945)『ノモスとピュシス』廣川洋一・玉井治・矢内光一訳（一九八三）、みすず書房
パスカル（Pascal, Blaise）『パンセ』〈世界の名著24〉、前田陽一・由木康訳（一九六六）、中央公論社
――『パンセ』前田陽一・由木康訳（一九七三）、中公文庫
――『パンセ』（上）塩川徹也訳（二〇一五）、岩波文庫
――『パンセ』（中）塩川徹也訳（二〇一五）、岩波文庫
――『パンセ』（下）塩川徹也訳（二〇一六）、岩波文庫
パスカル（Pascal, Georges）『カントの哲学』ガブリエル・メランベルジェ／橋田和道訳（二〇〇九）、上智大学出版
東谷孝一（二〇〇五）「アウグスティヌス」、村松茂美・小泉尚樹・長友敬一・嵯峨一郎編『はじめて学ぶ西洋思想』ミネルヴァ書房、二一七‐二三三頁
ヒポクラテス（Hippocrates）「空気、水、場所について」小川政恭訳（一九六三）『古い医術について　他八篇』岩波文庫
船木亨（一九九八）『ランド・オブ・フィクション』アテネ社
プラトン（Platon）『ソークラテースの弁明・クリトーン・パイドーン』田中美知太郎訳（一九八一）、岩波文庫
――『ソクラテスの弁明・クリトン』三嶋輝夫・田中享英訳（二〇〇一）、講談社学術文庫
――『エウテュプロン／ソクラテスの弁明／クリトン』〈西洋古典叢書〉朴一功・西尾浩二訳（二〇一七）、京都大学出版会

――『プラトン全集1』「パイドン」松永雄二訳（一九八六）、岩波書店
――『国家』（上）（下）藤沢令夫訳（二〇〇二）、岩波文庫
ブリックハウス（Brickhouse, Thomas C.）&スミス（Smith, Nicholas D.）『裁かれたソクラテス』米沢茂・三島輝夫訳（一九九四）、東海大学出版会
ペイトン（Paton, Herbert James）『定言命法』杉田聡訳（一九八六）、行路社
ベーコン（Bacon, Francis）『ノヴム・オルガヌム』桂寿一訳（一九七八）、岩波文庫
ベルクソン（Bergson, Henri‐Louis）『物質と記憶』熊野純彦訳（二〇一五）、岩波文庫
ヘルダー（Herder, Johann Gottfried von）「人間性形成のための歴史哲学異説」小栗浩・七字慶紀訳（一九七五）、『ヘルダー　ゲーテ』中央公論社
ベンサム（Bentham, Jeremy）『道徳および立法の諸原理序説』〈世界の名著38〉、山下重一訳（一九六七）、中央公論社
――「統治論断片」永井義雄訳（一九八二）、永井義雄『ベンサム』〈人類の知的遺産44〉所収、講談社
細川亮一（二〇〇七）『純化の思想家ルソー』九州大学出版会
ホッブズ（Hobbes, Thomas）『ホッブズ』〈世界の名著23〉永井道雄責任編集（一九七一）、中央公論社
――『ホッブズ』〈世界の大思想13〉水田洋・田中浩訳（一九六六）、河出書房新社
――『リヴァイアサン』（一）（二）水田洋訳（一九九二）、岩波文庫
マギー（Magee, Bryan Edgar）編『西洋哲学の系譜』晃洋書房
松居正俊（一九七〇）「第七書簡真偽論一考察」日本西洋古典学会編『西洋古典學研究』一八、六四‐七四頁
松永雄二（一九八三）「問われているもの　ソクラテスの場合」九州大学公開講座委員会編『生きがいの探求』九州大学出版会、二二八‐二五〇頁
――（一九九三）『知と不知――プラトン哲学研究序説』東京大学出版会
ミル（Mill, John Stuart）『ミル自伝』朱牟田夏雄訳（一九六〇）、岩波文庫

――『功利主義論』〈世界の名著38〉伊原吉之助訳（一九六七）、中央公論社
――『自由論』塩尻公明・木村健康訳（一九七一）、岩波文庫
メルロ＝ポンティ『知覚の現象学』竹内芳郎・小木貞孝訳（一九六七）、みすず書房
――『知覚の現象学』中島盛夫訳（一九八二）、法政大学出版局
――『メルロ＝ポンティ・コレクション』中山元訳（一九九九）、筑摩書房
モンテーニュ（Montaigne, Michel Eyquem de）『エセー』（一）原二郎訳（一九九一）、岩波文庫
山口義久（一九九七）「両論（ディアレクセイス）」内山勝利編『ソクラテス以前哲学者断片集』第V分冊、岩波書店、二三九－二五四頁
ライプニッツ（Leibniz, Gottfried Wilhelm）『単子論』河野与一訳（一九五一）、岩波文庫
ライル（Ryle, Gilbert）『心の概念』坂本百大・宮下治子・服部裕幸訳（一九七九）、みすず書房
ルソー（Rousseau, Jean－Jacques）『人間不平等起源論』本田喜代治・平岡昇訳（一九三三）、岩波文庫
――『人間不平等起源論』中山元訳（二〇〇八）、光文社文庫
――『社会契約論』桑原武夫・前川貞次郎訳（一九五四）、岩波文庫
ロイド（Lloyd, Sir Geoffrey Ernest Richard）『アリストテレス』川田殖訳（一九七三）、みすず書房
ロールズ（Rawls, John Bordley）『正義論』川本隆史・福間聡・神島裕子訳（二〇一〇）、紀伊国屋書店
ロック（Locke, John）『統治論』伊藤宏之訳（一九九七）、柏書房
――『統治二論』加藤節訳（二〇〇七）、岩波書店
渡辺邦夫（二〇一二）『アリストテレス哲学における人間理解の研究』東海大学出版会

あとがき

本書の大部分は書き下ろしであるが、第2章と第3章は長友（二〇〇五）、第12章から14章は長友（二〇一三）をそれぞれ基本にして、加筆発展させた。完成にあたっては、様々な方々にお世話になった。

本書はまず、熊本学園大学の倫理学の講義に多くを負っている。自由に選択できる一般教養の授業であったにもかかわらず、毎年たくさんの学生が参加し、共に考える時間を共有してくれた。ゼミでも、政治思想を中心としたテキストを元に学生と討論を重ねた。辛抱強く付き合ってくれた全ての学生への感謝の言葉をここに記しておく。

また、熊本大学で読書会を開いていろいろと導いてくださった岡部勉先生や岡部由紀子先生にも感謝申し上げる。本書の最初の取っ掛かりはその読書会から生まれている。さらに、西日本古代哲学会で松永雄二先生を囲んで行なった何回にもわたる議論は、本書の成立にはなくてはならないものであった。

実は本書は十年以上前に企画され、順調に行けばすでに世に出ているはずであった。しかし、企画書提出直後に中国横断山脈の未踏峰に遠征し、垂壁の五千メートルあたりをクライミング中に落石に遭遇してしまった。帰還と復帰には一冊の本が書けるくらいの出来事があり、大内尚樹氏や米澤弘夫氏、妹尾佳明氏、李慶氏、船山和志氏、佐野耕司氏、平松一平氏をはじめとする多くの方々にご迷惑をおかけし、またご援助をいただいた。命を長らえて本書を執筆できたのはそうした方々のおかげである。ここに改めてお詫びとお礼を申し上げたい。そのような事情で、かなりの間執筆が中断していたにもかかわらず、ナカニシヤ出版の方々には辛抱強く見守っていただいた。深く感謝している。

そして、立田山の麓の我が家で、金峰山を望む食卓を囲んで、時に熱く時に冷静に議論の相手をしてくれ、また長期休暇の大部分を執筆に専念させてくれた娘の八重と妻の未知に本書を捧げたい。

令和二年二月十日

ヤ　行

ラ・ワ　行

ナ　行

ハ　行

マ　行

タ　行

サ　行

カ　行

マ　行

ヤ・ラ　行

事項索引

ア　行

人名索引

ア　行

カ　行

サ　行

■著者略歴
長友敬一（ながとも・けいいち）
1960年　宮崎県に生まれる。
1994年　九州大学大学院文学研究科博士課程単位取得退学。
現　在　熊本学園大学教授。
著　書　『現代の倫理的問題』（ナカニシヤ出版，2010年），『情報とメディアの倫理』〔共著〕（ナカニシヤ出版，2008年），『はじめて学ぶ社会学』〔共著〕（ミネルヴァ書房，2007年），『はじめて学ぶ西洋思想』〔共著〕（ミネルヴァ書房，2005年），他。

正義は時代や社会で違うのか
――相対主義と絶対主義の検討――

2020年４月24日　初版第１刷発行
2023年４月10日　初版第２刷発行

著　者　長　友　敬　一
発行者　中　西　　　良

発行所　株式会社　ナカニシヤ出版
〒606-8161　京都市左京区一乗寺木ノ本町15
TEL（075）723-0111
FAX（075）723-0095
http://www.nakanishiya.co.jp/

印刷・製本／亜細亜印刷
＊乱丁本・落丁本はお取り替え致します。
ISBN978-4-7795-1437-1　Printed in japan

倫理学の話

品川哲彦

「倫理学とは、いわば、倫理のなかに内包された「毒」を防ぐ解毒剤である」。倫理学とはどんな学問か、善とは、正義とは何か。深いテーマをさらりと説き、初心者も研究者も引き込む倫理学概論。　二四〇〇円＋税

「正しさ」の理由

—「なぜそうすべきなのか？」を考えるための倫理学入門—

中村隆文

気鋭の哲学者が書く、明快で抜群に読ませる倫理学概説。規範倫理学、メタ倫理学、応用倫理学。今日の倫理学の三つの柱からその発展まで、この一冊で学べてかつ面白い、上質の入門書。　二三〇〇円＋税

技術の倫理

—技術を通して社会がみえる—

鬼頭葉子

「正しい技術者であるために守るべきことは？」「科学技術から利益を得ている私達が考えるべきことは？」……。「高度な技術を利用する者」である我らに向けて書かれた「技術倫理学」の入門書。　二三〇〇円＋税

食物倫理（フード・エシックス）入門

—食べることとの倫理学—

R・L・サンドラー　著、馬渕浩二　訳

あらゆる倫理問題は食卓の上で交差する。フードシステム、貧困問題、動物福祉、生物工学、食べ物と文化……、多様な「食物問題」を根本から考える、「フード・エシックス」の第一歩。　二六〇〇円＋税

＊表示は二〇二三年四月現在の価格です。